Las batallas de...
VICTORIA

Ferney Ramírez

Este libro lo dedico a todos aquellos maestros y maestras que asumen con pasión esta difícil tarea de educar a nuestros hijos para guiarlos a un mundo mejor. También para aquellos padres involucrados en la educación de sus hijos, que día a día, luchan para que se superen y lleguen más lejos de lo que ellos pudieron llegar.

A todos ellos, esta linda reflexión que he escrito con amor.

Este libro fue impreso en Chicago por primera vez en el año 2021

LAS BATALLAS DE VICTORIA, Novela motivacional sobre la importancia de la educación en los hijos. Es una obra original de FERNEY RAMIREZ, Autor. Copyright®2021. Derechos reservados. Impreso en los Estados Unidos de Norte América. Se prohíbe reproducir, almacenar, copiar o vender cualquier parte de este libro de manera alguna o por cualquier medio. Sin previo aviso, autorización o permiso escrito, excepto en el caso de citas cortas o referencias bibliográficas. Si desea mayor información, comuníquese con Ferney Ramírez al (773) 547-7584 o al (630) 880-8004 o escriba a ferneyrh@hotmail.com

Primera impresión, Septiembre del 2021

ISBN: 978-1-7923-3106-0

CONTENIDO

INTRODUCCIÓN..................................Pág, 9

Cap. 1 INVOLUCRAMIENTO POSITIVO
Qué tanto conoces a tus hijos?....................Pág. 15

Cap. 2 PRIORIDADES
Qué valores quieres que tus hijos aprendan?....Pág. 65

Cap. 3 EJEMPLOS DE VIDA
Cómo quieres que tus hijos te recuerden?........Pág. 113

Cap. 4 VISIÓN Y PROPÓSITO
En dónde quieres ver a tus hijos?....................Pág. 163

INTRODUCCIÓN

La educación de los hijos debe ser la gran prioridad para todos los padres de familia, pues de esta va a depender, en gran parte el futuro de ellos; desafortunadamente, muchos chicos no ven la importancia de ir a la escuela. Para la mayoría de ellos, es más placentero pasar horas divirtiéndose en los videojuegos o chateando en su teléfono que dedicar ese mismo tiempo a la lectura, la investigación, hacer tareas o cualquier otra actividad educativa.

Y parte de esto obedece a que los padres de hoy no contamos con el tiempo e interés suficiente para inculcarles el gran valor que tiene a futuro el tener un buen desempeño académico. Para muchos de nosotros, el que "no falten a la escuela", "hagan las tareas" y "saquen buenas calificaciones", ya es suficiente.

Sin darnos cuenta que esto no lo es todo, pues muchos jóvenes que vienen a la escuela, no les gusta estudiar, no quieren estar en las clases, lo hacen porque es una obligación asistir o porque no podemos tenerlos en casa.

Pero esta actitud negativa hacia al estudio, tarde o temprano tendrá una consecuencia que se verá reflejada en sus decisiones. Es por esta razón, que al terminar la High School, bastantes chicos prefieren trabajar, que prepararse cuatro o cinco años en una Universidad para tener una mejor Calidad de vida el día de mañana.

A un adolescente que no le interese estudiar, va a ser muy difícil que vea el ir al colegio como una alternativa válida y poderosa para cambiar el destino de su vida, y si a eso se le suma la actitud complaciente y sumisa, de no exigencia que muchos padres tenemos, sí que menos.

Es por eso, que para algunos jóvenes de hoy, los llamados "milenials", el trabajar y vivir en casa de los padres, es una opción muy cómoda y fácil pues no requiere de grandes compromisos y responsabilidades.

-Esa es la filosofía de esta nueva generación que rechaza a toda costa todo lo que implique sacrificio y esfuerzo-.

Contra esta actitud facilista y mediocre es la que todos los días los maestros tienen que lidiar en las escuelas, pues tratar de enseñar a alguien que no quiere aprender se torna en una misión, casi imposible de realizar, máxime cuando en algunas ocasiones, no se cuenta con el respaldo de los padres. Por ejemplo: los profesores piden, ruegan y hasta suplican a los papás que pongan a sus hijos a leer en casa, tristemente, la mayoría de los adultos no logran convencer o forzar a que sus hijos hagan algo tan elemental.

La pregunta es, si los chicos no leen, cómo pretenden aprender? Cómo quieren que sus hijos potencien sus capacidades intelectuales si no hacen algo tan esencial? Cómo tener un aprendizaje efectivo si los niños dedican pocos minutos a hacer tareas y muchas horas a jugar videojuegos o chatear en su celular? Cómo un padre de familia anhela ver a su hijo(a) en una universidad si ni siquiera se involucra en las actividades de la escuela?

Esa es la frustración de los maestros de hoy, que no cuentan con el apoyo suficiente de ellos, pero cuando los chicos tienen dificultades o no rinden lo suficiente, vienen con una actitud negativa y, a veces, irrespetuosa a exigirles que hagan lo que ellos no han podido hacer. Porque muchos adultos, aún tienen la falsa creencia que la motivación de un hijo por la escuela es solo responsabilidad de los profesores, no de ellos.

En este libro reflexionaremos sobre esta triste realidad que se ve en todos los lugares, los padres hemos opacado el protagonismo y hemos quitado la autoridad que los maestros deberían tener para dirigir y motivar a los chicos a un futuro mejor. Los educadores pueden influir significativamente en la vida de sus estudiantes, pues ellos pueden convertirse en sus modelos a seguir; sobretodo, cuando los ven jóvenes, inteligentes y exitosos.

Cuando un educador sabe llegar al corazón de los adolescentes, puede generar una conexión y acercamiento que quizás no tengan con sus padres y es ahí, donde los maestros pueden influir en sus sueños y futuras decisiones.

Son muchos los casos de personas exitosas que mencionan que fue gracias a los consejos de un maestro o maestra que hoy son triunfadores y personas de bien. Es hora de crear conexiones positivas entre padres y escuela, porque en últimas los beneficiarios van a ser los hijos.

Necesitamos convencer a los chicos de hoy para que estudien, se preparen, vayan a la escuela y conviertan el ir a la universidad como su gran reto o prioridad. Si nosotros como padres, no lo podemos hacer, busquemos en los maestros nuestros mejores aliados para que nos ayuden en la difícil labor de hacerlos tomar consciencia de esta necesidad.

Créanme, muchos jóvenes no siguen la escuela no porque no tengan las capacidades o los medios para hacerlo; simplemente, no lo hacen porque les da "flojera" o porque nadie los supo motivar y convencer con argumentos poderosos, de cómo esto les podría cambiar su vida para siempre. Y esto se da, porque los mismos padres, desafortunadamente, en algunos casos, no visualizan los grandes beneficios que esto podría traer a largo plazo, a sus hijos.

Por eso, este texto es una invitación a los padres de familia que aún tenemos hijos en edad escolar, a que lo intentemos y, no nos demos por vencidos sin darlo todo en la batalla,

Porque
¡SÍ SE PUEDE!
Hacer de ellos, grandes triunfadores.

CAPÍTULO 1

INVOLUCRAMIENTO POSITIVO
Qué tanto conoces a tus hijos?

Mi nombre es Victoria y vengo de una familia de cinco hermanos, yo era la única mujer; mi padre, un hombre machista, de campo, criado con una mentalidad de macho; obviamente, para él, sus hijos hombres eran su orgullo; sobretodo, mi hermano mayor, Pedro, en él siempre se veía reflejado. Todas sus frustraciones y el héroe que nunca pudo ser, lo quería ver realizado en su primogénito. Nunca el trato fue igual, las preferencias por mis hermanos eran muy marcadas y aunque quería llamar la atención de mi padre, nunca la tuve, no por lo menos como yo lo hubiese deseado.

La relación con mi madre era muy estrecha, no tenía opción; tal vez el hecho de ser mujeres, hacía que fuera el motivo para conectarnos, o quizás el tenerme cerca, era para ella un pretexto válido para evitarlo, porque era evidente que su forma de ser tosca y brusca era repugnante para una mujer que necesitaba mucho amor.

Digamos que yo fui su refugio para evadir los problemas con mi padre y ella se convirtió para mi en ese ser especial que me daba lo que todo niño necesitaba; cariño, protección y seguridad.

Desde esta perspectiva, formé con mi mamá un vínculo estrecho que hoy en día se mantiene y con mi padre, una relación distante y fría como había de esperarse.

Así crecí, con deseos de tener un papá cercano a mi, una figura "paterna" que me hiciera sentir la niña más feliz del mundo pero no fue así. Para mi padre era más importante estar divirtiéndose con sus amigos que jugar con su única hija. Y eso, aunque no lo crean, duele.

El conflicto se agudizó cuando llegué a la adolescencia y surgió en mi esa gran necesidad de estudiar, de superarme, ninguno de mis hermanos quiso la escuela, la verdad fue que mi papá tampoco los motivó a hacerlo; para él era más significativo que aprendieran a trabajar para que le ayudaran en los deberes del campo, les hizo creer que era más importante ganarse la vida, sembrando y trabajando la tierra.

Esa actitud distante y frívola desarrolló en mi una rebeldía, un deseo de llamar su atención, pero de una forma positiva. Quería por medio de mis calificaciones y éxitos en la escuela que él se diera cuenta que yo era inteligente, que tenía una hija con muchas cualidades intelectuales pero por más que me esforzaba, no conseguía ni siquiera que me diera un elogio o una felicitación por mis logros.

Esto me afectó mucho, no entendía por qué mi propio padre era así conmigo, lejano a mi, como si no me quisiera. Lo que me ayudó enormemente a manejar bien esta situación fue que mi madre y mi abuela materna, sí apreciaban y valoraban todo mi esfuerzo, ellas me motivaban e impulsaban a dar lo mejor de mi en el estudio; sin ellas, quizás yo me hubiese desmotivado y tal vez, habría dejado la escuela.

Era la mejor en todas las materias, siempre quería ser reconocida por los maestros y compañeros de clase, me impuse como regla personal, que el estudio iba a ser mi gran fortaleza para conseguir popularidad.

De niña anhelaba ser maestra, siempre he pensado que es la profesión más bella, porque son ellos los que educan a los futuros doctores, abogados, ingenieros, arquitectos, etc.

Son los maestros los que ponen las primeras semillas en la mente de los niños para que aprendan a soñar y a volar por si mismos.

La crisis se dio cuando estaba terminando la preparatoria, porque obviamente, quería seguir estudiando pero mi padre se oponía firmemente a que lo hiciera, creía que no era necesario, pues pensaba que estudiar me iba a ser diferente y no consentía que me fuera lejos de casa, lo que creó enfrentamientos y discusiones que obviamente, le reforzaban la idea de no permitirme estudiar.

Me sentía muy frustrada, tenía rabia y coraje por su forma tan errónea de pensar, me sentía como una águila amarrada que quería volar y no podía porque vivía en una jaula, prisionera de la ignorancia de un hombre que nunca supo dar a su hija lo que verdaderamente necesitó: alas para poder volar con orgullo y fortaleza.

Mis maestros esperaban mucho de mi, sus expectativas eran muy altas y creían que mi futuro iba a ser promisorio, lo que no sabían ellos, es que mi principal obstáculo estaba en mi propia casa, en la actitud machista de mi padre.

Mi madre le hablaba de muchas formas sobre mi deseo de estudiar y veía en ella la impotencia de tratar de convencer a un hombre que no aceptaba razones porque creía que siempre tenía la verdad. Varias veces escuché sus discusiones en torno a mi, y eso me hacía sentir culpable.

Cierto día, no aguantaba más, sentía que no podía, estaba llena de mucha tristeza y rabia, coraje e impotencia y empecé a llorar, lloraba sin control… no podía contener esas ganas de sacar de mi alma todo lo que me afligía. Estaba sentada bajo de un árbol, mientras las demás chicas se divertían con los chicos en el recreo.

-Qué te pasa Victoria, estás bien? -interrumpió mi maestra favorita: Esperanza-

-Nada maestra.

-No te creo muchachita, y ahora mismo me vas a contar, yo también pase por tu edad.

-Todo está bien… -le sonreí-

-Uno solo llora por dos cosas, o porque está muy alegre o muy triste… y creo que estás muy triste.

-Así es maestra, no te puedo mentir.
-Quieres que hablemos?
-Me da pena contigo...
-Es algo muy personal?
-No, es algo que no tiene solución.
-Quizás, sí.

-Maestra, mi conflicto es que quiero estudiar, deseo irme de este pueblo -en Michoacán- para buscar un mejor futuro, yo quiero volar pero mi padre no me deja, su mentalidad le impide ver más allá, él cree que la vida es sólo trabajar aquí, tener una familia y, sobrevivir... yo no pienso así.

-Genial.
-Estás de acuerdo conmigo?
-Por supuesto que sí.

-De verdad, maestra? Por un momento pensé que era yo la conflictiva.

-A mí me pasó exactamente igual, pero en mi caso, era mi mamá la que no me dejaba ir a la universidad, ella creía que las chicas se "perdían" cuando estudiaban porque les abrían los ojos... fue mi papá el que me apoyó siempre.

-Increíble, es todo lo contrario a mi.

-Así es. Mi mamá siempre me sobreprotegió, pienso que de más y eso afectó mucho mi autoestima, me volví una persona insegura y temerosa…

-No te lo puedo creer maestra.

-Todos tenemos una historia que contar.

-Me dejas sin palabras.

-Lo que te digo hija, es que los padres hacen estas cosas no porque sean malos o quieran dañarnos, como muchas veces lo creemos.
A ellos, no les enseñaron el valor del estudio, los abuelos creían que educar hijos trabajadores era su responsabilidad; por eso, no les inculcaron la importancia de prepararse para un futuro, esa es la "herencia" cultural que ellos nos están transmitiendo, generación tras generación.

-Tienes razón.

-Yo creo que mi padre me vio tan frágil que pensó que el estudio, a lo mejor, me iba a dar la seguridad que ellos no me podían dar…

No había día que no me dijera que yo era inteligente y que estaba orgulloso de mi -unas lágrimas salieron de sus ojos y un silencio predominó entre las dos, no podía hablar, su garganta se cerró por completo y no pude evitar conectarme con sus emociones, pues sentía esa misma necesidad de desahogarme. Yo también empecé a llorar, necesitaba hacerlo… por fin, alguien me estaba entendiendo-.

-Mi papá -prosiguió con voz entrecortada- supo balancear mis emociones, por un lado mi mamá me llenaba de miedos pero por otro, mi padre me llenaba de fuerza y poder para cumplir mi deseo de estudiar. Por eso, Victoria, no te desanimes, lucha contra la corriente, pero no te des por vencida jamás.

-Yo quiero maestra.
-Eso es lo más importante.
-El problema es mi papá…
-Si tú me prometes que vas a luchar hasta el fin, yo busco la manera de darte una mano.
-De veras maestra?
-Sí, tú eres una chica muy inteligente, tienes muchas ganas y vale la pena ayudarte.

-Gracias maestra.

-Es la verdad, tienes familia en la capital? Porque si todo sale bien, tendrías que irte para allá.

-Mi madrina, ella me dice que me ayuda.
-Si hablo con tu padre, él me escucharía?
-No sé, a lo mejor.

-Mi mamá vive sola en Ciudad México, y mi tío nos puede ayudar a conseguirte un ingreso a la UNAM -Universidad Autónoma de México- su hija trabaja allí…

-Y tu papá?

-El falleció hace tres años -se quedó en silencio, su voz se quebró y de nuevo empezó a llorar con mucho sentimiento-

-Discúlpame maestra.

-Yo estoy segura que él estaría haciendo lo mismo contigo porque pensaba que todas las mujeres deberían estudiar, para él, la escuela era lo más importante. Fue un papá maravilloso, se sentaba conmigo a ayudarme hacer tareas -sus lágrimas no paraban- me leía todas las noches antes de dormir, jugábamos a las adivinanzas, me enseñó a jugar ajedrez, para mí era una enorme alegría cuando le ganaba. Ojalá todos los padres del mundo fueran como él, un hombre con mucha sabiduría que me llenó de amor y ganas de vivir.

-¡Como quisiera que mi papá fuera así! -lloré con mucha fuerza-

-Por eso, me gustaría ayudarte, porque sé que tienes alas para volar muy lejos, eres la mejor estudiante de esta escuela, tus ganas de aprender se te salen por los poros y sería un desperdicio para la humanidad que tus talentos se quedaran adormecidos por alguien que nunca ni siquiera se atrevió a soñar.

-Así es.

-Veré que puedo hacer, pídele a Dios que nos ayude y que sea lo mejor para ti.

-Gracias maestra.

-No llores más, chicas como tú merecen una oportunidad.

-No te imaginas lo bien que me ha hecho hablar contigo.

-Regresa a tu salón de clases a dar lo mejor de ti, yo pensaré qué me invento para poder hablar con tus padres, está bien?

-Está bien maestra. -nos dimos un fuerte abrazo y mi cuerpo sintió mucha seguridad, me sentí feliz porque un rayo de luz aparecía en la terrible obscuridad-.

En esos días percibí mucha paz interior y una gran motivación por aprender, quería exprimir a cada maestro y sacarle todos sus conocimientos para hacerlos míos. Quería devorar el mundo, anhelaba que el tiempo pasara pronto para salir a conquistar nuevas tierras, tal como lo hizo Colón cuando llegó a América. Pero el tiempo transcurría sin saber que iba a pasar con mi destino. De repente…

-Mija, tú sabes para que la maestra Esperanza nos citó a tu papá y a mí? -preguntó mi mamá-

-No… no sé, por qué?
-Hiciste algo, le faltaste al respeto?

-No, mamá, cómo se te ocurre.
-Dime la verdad hija, no es normal que ella…

-Madre, no te voy a mentir -le comenté todo lo que habíamos platicado en la escuela ese día-

-Ahora entiendo.
-Mami, tú crees que mi papá la va a escuchar?

-A lo mejor sí, él le tiene mucho respeto a esa maestra y si ella le sabe hablar, quizás lo pueda convencer; además, yo voy apoyar todo lo que ella diga para así abrirle los ojos a tu padre.

-Mami, gracias por entenderme…

-Mi niña, yo quiero que estudies, que te prepares, que nunca dependas de un hombre, que tengas la libertad para no estar atada a nadie, quiero que seas feliz -unas lágrimas rodaron por sus mejillas y yo la abracé con toda mi fuerza-

-Gracias mamá.

No hay duda, que el tener un contacto positivo con los padres juega un papel determinante, en especial, en esos momentos donde la confusión y la desmotivación tocan la puerta de tu alma.

Estoy segura que si no hubiese tenido una relación tan estrecha con mi madre o si la comunicación fuera tan distante como la que tenía con mi padre, a lo mejor, me hubiese convertido en una chica difícil de tratar o incluso ya me hubiese "escapado" de esa triste realidad, huyendo de mi casa con algún chico del pueblo o encerrándome en mi propio mundo, tal como lo hacen muchas jovencitas de mi edad. ¡Cómo es de importante ese acercamiento familiar en la adolescencia, justo cuando más confusos y solitarios nos sentimos!

Estaba ansiosa porque sabía que esa mañana mis padres asistirían a la escuela a hablar con la maestra, de esa conversación iba a depender mi futuro: o volaba alto como el águila en busca de otros horizontes, o me quedaba en casa como una linda paloma, esperando que algún joven del vecindario me pretendiera para hacer una familia con muchos hijos y ser una "ama de casa feliz", tal como lo hizo mi abuela, mi mamá y mi tía… es la norma, la cultura, lo que se espera de una chica que crece en un mundo donde no hay oportunidades.

No estaba convencida que la maestra fuera a lograr algo, yo era para mi papá, una sirvienta, le tenía que ayudar a mi mamá con los quehaceres de la casa, debía atender a mis hermanos, lavarles y aplancharles su ropa y estar sumisa a sus indicaciones, no visualizaba el que pudiera tener tan siquiera un poco de consideración, pues para los hombres de rancho las mujeres son para la casa, no para la calle; por eso, lo veía casi una misión imposible.

Sin embargo, nada se perdía con intentarlo, y sí, la maestra era mi única opción clara que tenía en ese momento. Si ella no los convencía, no había nada más que hacer, solo contentarme con cumplir sus expectativas, no las mías. ¡Qué difícil es ser soñador en un mundo donde no hay alternativas!

-Hola señor Inocencio y señora Consuelo -mis padres-, gracias por venir -indicó la maestra-

-Maestra, buenos días -respondió papá-

-Quizás les parezca extraño que los haya citado pero deseaba hablar con ustedes dos.

-Hay algún problema maestra? -preguntó mamá-

-No, respecto al comportamiento de Victoria, no.

-Entonces a qué se debe la reunión?...

-Señor Inocencio, quiero preguntarle algo, usted qué piensa de su hija?

-Pues... es una buena hija, una niña obediente, respetuosa, una chica normal, como las demás.

-Yo no pienso así, Victoria no es como las otras chicas de su edad, ella es muy diferente.

-Sí, es cierto, -afirmó mi mamá-

-Qué tanto la conoce? sabe usted lo que quiere, lo que ella desea para su vida, sus sueños?

-La verdad, no.

-Ella es una joven muy talentosa, inteligente, brillante, señor Inocencio su hija puede llegar muy lejos...

-Maestra con todo respeto, mi hija no va a irse a ningún lado, ella pertenece a este lugar, aquí tiene su familia. No quiero que se vaya a buscar lo que no se le ha perdido.

Sólo deseo que el día de mañana se case con un buen hombre y me de unos nietos, como lo hace la gente normal. Ella no tiene necesidad de estudiar, aquí vivimos muy bien, nada nos falta.

-No cree que ese es el problema.

-No entiendo.

-Eso que me acaba de mencionar es lo que usted quiere para su hija. Pero le ha preguntado a ella, a Victoria, lo que quiere para su vida?

-Yo no tengo que preguntarle nada -se molestó-

-Cálmate viejo -le interrumpió mamá-

-Discúlpeme si soy atrevida con ustedes, pero es mi deber hacerlo.

-Ella le pidió que hablara con nosotros?

-No, es decisión mía.

-Mijo, escuchemos lo que ella nos quiere decir.

-Su hija quiere estudiar, desea ir a la universidad, su sueño es ser maestra y créanme que tiene el talento para hacerlo, necesita una oportunidad…

Oportunidad que jamás la va encontrar aquí en este pueblo; por eso, requiere del apoyo de ustedes, sus padres.

-Cree que lo puede lograr? -preguntó mamá-

-Lo veo en sus ojos, en las ganas que le pone al estudio, así era yo a su edad.

-Maestra, jamás en la vida he pensado que uno de mis hijos se vaya lejos de casa y, menos si es una mujer. -replicó papá-

-Por qué no? A que le teme señor Inocencio?

-Hay muchos peligros en la ciudad, aquí la vida es más sana.

-Mi padre siempre me decía: Hija, el que tú te metas en problemas o no, no va a depender del vecindario donde vivas, de la escuela donde vayas o de los amigos que tengas, va a depender sólo de ti, de tus decisiones… y eso es cierto.

-No sé qué decirle maestra.
-Yo creo en Victoria, yo sé de lo que está hecha su hija, la conozco muy bien; meto las manos al fuego por ella.

-Gracias maestra -dijo mamá con lágrimas-

-Estoy completamente segura que ella no va a tomar malas decisiones, no va arruinar su vida, es una chica muy madura para la edad que tiene; además, ustedes le han inculcado valores.

-Es verdad, maestra.

-Victoria no está huyendo de la casa para irse a vivir una vida loca, no. Ella quiere perseguir un sueño que le cambiará el resto de su vida.

-Viejo, la maestra tiene razón.

-Yo me identifico mucho con ella, en mi caso era mi madre la que se oponía porque yo era su única hija, pero mi padre creyó en mi, fue él quien me impulsó a estudiar y hoy se lo agradezco en el alma porque, gracias a ello, soy una mujer completamente feliz, hago lo que más me apasiona en la vida, estoy casada con un gran hombre y tengo dos hijas que son mi felicidad.

-Su esposo es el director del Hospital, viejo.

-Así es, nos conocimos en la universidad.
-No sabía, -contestó papá con asombro-

-Señor Inocencio, quiere ver feliz a su hija?

-Sí, es lo que más deseo.

-O la quiere ver frustrada, enojada con la vida?

-No. Maestra, así quisiera apoyarla, no tengo cómo hacerlo, no tenemos el dinero para que estudie, somos pobres y tenemos deudas.

-Eso por ahora no es lo que importa, mi punto es, si se diera la oportunidad, la apoyarían?

-No sé maestra, es una decisión muy difícil.

-Eso es lo prioritario, que en verdad ustedes sean una motivación y no un obstáculo para ella, que la empujen a luchar para conseguir sus sueños.

-No pensé que esto fuera a suceder. La vida aquí es tan tranquila que no veo la necesidad que mi niña se vaya.

-Pero no hay futuro, mijo. -dijo mamá-

-La vida que a ustedes les tocó vivir no necesariamente tiene que ser la misma para ella.

-Así es. -respondió con un gran suspiro-

-Todos los padres queremos lo mejor para los hijos y no hay nada mejor que el estudio. Denle la oportunidad, permítanle que lo intente, que ella se pruebe a sí misma y no se quede con la frustración de que nunca la dejaron hacerlo... Y si no lo logra, por lo menos, lo intentó.

-Con sus hermanos nunca tuve este problema, por qué con ella, sí?

-Porque ella es y piensa diferente.

-Maestra, agradezco sus buenas intenciones pero la verdad, no sé qué decirle.

-Sólo les pido que lo piensen y lo dialoguen. Discúlpenme si fui atrevida de mi parte, pero si no viese en su hija las capacidades que tiene, no estaría abogando por ella. Victoria es una chica muy talentosa señor Inocencio, no lo olvide.

-A lo mejor no la conozco lo suficiente maestra o mi ignorancia no me permite ver lo que usted ve.

-Gracias por venir.

-Gracias a usted por preocuparse por mi niña -se despidió mamá-

-Maestra, gracias de todos modos, valoro mucho su tiempo y todo lo que nos dijo.

-Prométanme que lo van a pensar.

-Sí señora, lo haremos. Aunque sea difícil para nosotros, tenemos que pensar en su bienestar.

Esa tarde al llegar a casa, encontré a mi papá sentado en la sala sólo y callado, mi madre en la cocina preparaba los alimentos; tenía mucha expectativa, pues no sabía exactamente lo que la maestra les había dicho ni tampoco cómo habían reaccionado; en especial mi padre, un hombre de pocas palabras pero firme en su forma de pensar.

Los saludé como de costumbre y me hice como si no supiera nada de lo sucedido, entré a mi habitación y me puse hacer las tareas de la escuela; al rato, le ayudé a mamá en la limpieza de la cocina. Me sentía extraña pues un silencio inusual predominaba aquel día.

Traté de acercármele pero la vi tan callada que preferí darle su espacio, quise que fuera ella la que rompiera el hielo; además, no quería que pensaran que todo esto había sido planeado.

Me miró y me abrazó, se puso a llorar sin decirme ninguna palabra, la noté muy nostálgica, no hice ninguna pregunta para no dañar ese momento mágico, que nos conectaba y nos hacía una, como muchas veces había sucedido entre las dos.

Con mi mamá había una conexión estrecha, no eran necesarias las palabras, yo sabía cuándo le pasaba algo y de igual forma, ella percibía el momento en que la necesitaba para llorar, reír o simplemente, contarle mis secretos. Ella era mi amiga, mi gran confidente, mi consejera. Lo que nunca había logrado crear con mi papá.

Estaba en el cuarto, cuando llegó mi padre, se sentó en mi cama, me quedé paralizada porque jamás lo había hecho, entre él y yo siempre ha existido una distancia enorme por aquello de que soy "mujer". No sabía qué hacer ni qué decir, lo sentí muy pensativo como si tuviera temor a decirme algo que me fuera a herir.

-Hija, esta mañana estuvimos tu mamá y yo en la escuela, hablando con la maestra Esperanza, me parece una señora muy especial…

-De verdad? -me hice la sorprendida-

-Hoy me di cuenta que no te conozco lo suficiente

-No es cierto pa...

-Tengo que reconocer que no he sido un buen padre contigo -se le quebró la voz- me he preocupado más por el trabajo y tus hermanos que por ti -unas lágrimas corrían por su rostro-

-No digas eso pa. -primera vez en mi vida que me sentaba con él a platicar-

-Hija, no sabía que la maestra tenía un concepto tan maravilloso de ti...

-Pero qué fue exactamente lo que les dijo, para qué era la reunión?

-Nos dijo muchas cosas bonitas que yo nunca te las he dicho.

-Como qué?

-Que tú eres muy inteligente y talentosa. Mija, yo jamás te he dicho que te quiero -lloró fuerte-, que te amo, que eres mi orgullo. -agaché la cabeza y no pude contener mis lágrimas-

-Siempre me he preguntado por qué no me lo dices?, por qué a mis abuelos y tíos sí les hablas de mis hermanos con orgullo y de mí, no.

-No sé mija, no sé. Mi papá siempre me trató de tonto, me decía que no servía para nada, por eso me enseñó a trabajar desde pequeño porque según él, era tan menso que no servía para la escuela. Por tal motivo, nunca se me pasó por la cabeza la idea de estudiar, y mucho menos, ver la importancia de que mis hijos algún día lo hicieran, pues siempre creí que ustedes iban a ser como yo, -lloraba con mucho sentimiento-

-Papá, no sabía esto de mi abuelo.

-Él fue muy duro con nosotros, pero con tu tía Lucero sí que más, por esa razón, ella se escapó de casa cuando sólo tenía quince años.

-Ahora entiendo... -los errores de los adultos lo resienten los hijos, es triste reconocerlo pero es la verdad. Abracé a mi papá y juntos lloramos, pues tampoco lo conocía, ese día me di cuenta que él también había sido víctima de una estilo de crianza disfuncional e inadecuado-

-Hijita mía, perdóname…

-Pero de qué, papá?

-Sin darnos cuenta repetimos los mismos errores de nuestros padres, hasta que alguien más preparado e inteligente nos hace caer en cuenta que lo que pensamos no es lo correcto.

-También es sabio reconocerlo.

-Ahora entiendo el por qué no les inculqué que estudiaran, que fueran a una escuela, siempre creí que era para chicos brillantes y yo no lo era; y si yo no lo era… mis hijos tampoco.

-No es cierto.

-No te imaginas lo que sentí hoy cuando la maestra me dijo que tú eres muy inteligente y talentosa, no lo podía creer. Pensé que a lo mejor si mi padre me hubiese dicho lo mismo, quizá mi vida hubiera sido diferente.

-Sabes una cosa papá, toda la vida quise llamar tu atención a través de mis grados, siempre desee que me elogiaras por mis logros, que me dijeras que te sentías orgulloso de mi.

Por eso, me esforzaba para ser siempre la mejor -empecé a llorar con sentimiento, él me abrazó, no nos dijimos nada, simplemente, lloramos-

-Hija, es cierto que quieres estudiar?

-Es lo que más anhelo papá. Desde pequeña he soñado con ser una maestra.

No había tenido la oportunidad de contarle a Esperanza el impacto tan grande que tuvo su charla con mi padre; en el fondo, logró generar en él una inquietud respecto a la posibilidad de mis estudios. Por lo menos, no se puso a la defensiva, como creí que iba a estar. Esta vez, sentí que escuchó y pensó muy bien todo lo que ella le dijo, quizás por el respeto que le tenía.

Ya mi tía Lucero que vive en Guadalajara, le había tocado el tema, ella siempre me ha dicho que estudie y me ha ofrecido su casa para que pueda estudiar allá. Pero mi padre, por lo que sucedió cuando era joven, cree que es una mala influencia para mí. Por eso, se molestaba cada vez que le mencionaba esta alternativa.

Además, tiene hijos adolescentes y para él, sería llevarme a la perdición, porque dice, el "hombre es hombre" y la "mujer es débil".

Lo que mi papá ignora, es que yo soy una chica con carácter, que sabe muy bien lo que quiere en la vida, no estoy buscando estar sola para divertirme, soy una joven con muchas metas a cumplir. Él no es consciente de esto porque no me conoce, en el fondo no sabe quién soy yo.

A la semana siguiente…

-Victoria, cómo estás? -me saludó la maestra-
-Hola profe, hace tiempo que no te veía.
-Me tocó ir al D.F. a visitar a mi mamá que se enfermó, me pegó un buen susto…
-Y ya está mejor?
-Sí, gracias a Dios. Jovencita a que no adivinas, te tengo muy buenas noticias.
-De veras?
-Pero antes, cuéntame. Cómo ha estado todo en tu casa, has hablado con tu papá? sirvió de algo todo el discurso que les di? jajajaja -reímos-

-Sí, maestra. Ese mismo día, papá se sentó en mi cama y hablamos como nunca antes lo habíamos hecho.

-Genial.

-Me contó, lo que tú les dijiste, que era inteligente y lo demás, a él eso le impactó mucho; incluso, me pidió perdón porque nunca me había dicho que me quería.

-Increíble, la verdad pensé que se iba a molestar.
-Yo también, estoy sorprendida.

-Bueno señorita, te cuento que el viento está soplando a nuestro favor, todo parece indicar que las cosas van a salir bien, estoy muy feliz por esto; Dios nos está ayudando, te lo mereces.

-No lo puedo creer.

-Ahora que estuve con mi mamá, le hablé de ti, de lo especial que eres, le propuse que te dejara vivir en su casa y aceptó. A lo mejor, porque se siente muy sola y tú serías una gran compañía para ella.

-Maestra, tú quieres que…

-Victoria, yo no estoy jugando, si te dije que te iba ayudar es porque de veras, lo voy hacer, a no ser que tú ya te hayas echado para atrás.

-No, lo que pasa es que no creí que fuera a darse tan pronto, apenas estoy haciéndome la idea.

-El tiempo pasa muy rápido y desde ya tenemos que empezar a planear todo, sobretodo, lo de la Universidad.

-Increíble maestra, me emociona la sola idea de poder estudiar lo que quiero.

-Así es chamaquita, también hablé con mi tío y te va ayudar a conseguir un cupo en la Universidad Autónoma de México (UNAM), pero tendrías que irte a vivir a la capital, cómo la ves?

-No sé qué decirte, me dejas sin palabras. Pero si ese es el precio para conseguir lo que quiero, lo haré, el problema es que mis papás lo acepten.

-Un amigo de mi tío es dueño de un restaurante muy concurrido cerca de ahí, podrías trabajar allí los fines de semana o cuando puedas.

-Y si es posible?

-Mi tío quedó de hablar con él para plantearle la situación, es una buena persona, yo lo conozco, es muy amable y así tendrías para tus gastos.

-Maestra, pero yo no tengo dinero para pagar la universidad.

-Eso después lo miramos, ahora lo que importa es convencer a tus papás que te den el permiso para que te vayas a vivir allá -no pude contener la emoción y abracé a la maestra con un llanto de mucha felicidad-

-Gracias por todo lo que haces.

-Todo va a salir bien mija, vas a ver, yo creo en ti, tú puedes, estás hecha para grandes cosas y mi sueño es verte convertida en una gran maestra.

-Como tú…

-Jajajajajajaja, mejor que yo, de acuerdo?

-Maestra Esperanza, jamás voy a olvidar esto que estás haciendo por mí.

-No te imaginas la alegría que me produce el poderte ayudar, lo hago con mucho cariño;

de hecho, mi esposo y yo vamos hacer todo lo posible para que puedas cumplir lo que tanto anhelas; a chicas como tú vale la pena ayudarle.

-Dios bendiga a tu familia maestra.

-Ahora debemos hablar con tus padres para ver qué piensan ellos de todo esto, ojalá entiendan que esto es por bien tuyo.

-La próxima semana cumplo años y mi mamá me comentó que quería hacerme una cena especial, y me dijo que te invitara, a lo mejor, ese podría ser el momento perfecto.

-Sí, exacto… y de paso sería tu regalo, jajajajja
-Así quedamos.

-Ponle todas las ganas a sacar las mejores calificaciones, eso nos ayudará mucho para que te reciban sin problemas en la universidad.

-Voy a ser todo lo que esté a mi alcance para lograrlo, esto es una oportunidad que me da la vida y no puedo desperdiciarla.

-Así se habla campeona.

-Gracias maestra.

-Estoy segura que lo vas a lograr.

Esa tarde llegué a casa llena de gozo, por fin me sentía alguien especial; una líder con mucha autoestima, empoderada, inquebrantable, segura de mi misma, con ganas de salir a conquistar el mundo y ponerlo a mis pies. Mientras mis amigas sólo pensaban en tener novios, ir a fiestas, usar cierta ropa y maquillaje, yo visualizaba mi futuro entre libros, bibliotecas, escuchando a maestros e intelectuales. Sin duda, esta maestra había impactado mi vida, haciéndome imaginar un mundo más allá de las paredes de una escuela.

En el día de mi cumpleaños…

Estábamos reunidos con toda la familia, mis abuelos, algunos tíos y la maestra Esperanza, la gran invitada. Fue una noche de acercamiento entre mis padres y yo, me sentía alagada porque por primera vez me estaban haciendo sentir que yo sí era importante para ellos; en especial, para mi papá a quien siempre lo veía distante de mí.

Pasado el tiempo, todos empezaron a irse y quedamos solos en el comedor, la maestra, mis papás y yo. Ella me miraba un poco tensa como si estuviera buscando en mí la aprobación para iniciar el tema que en verdad nos preocupaba. Hasta que se llenó de valor y dijo:

-Señor Inocencio y señora Consuelo, qué han pensado de lo que hablamos la última vez? -mi papá quedó en silencio, mi mamá agachó la cabeza como si estuviera presintiendo que algo fuerte iba a escuchar-

-No sé maestra qué decir…

-No podemos darle más vueltas a esto, -me iba a retirar para dejarlos solos pero la maestra me pidió que me quedara-

-Mijo, di algo…

-Tengo una propuesta concreta para hacerles. Mi mamá vive sola en la capital, su casa es grande y le haría muy bien alguien que la acompañara; de hecho, ya hablé con ella, le conté de Victoria, de la gran persona que es, de sus sueños y grandes aspiraciones y me dio su aprobación.

Un tío, mi padrino, que es como si fuera un papá para mí, está dispuesto a colaborarnos con lo de la Universidad, además podría ayudarle a encontrar un trabajo los fines de semana para que así pueda solventarse con sus gastos.

-Papá, esta oportunidad nunca más la voy a tener
-Viejo, por qué callas? -dijo mamá-
-Yo entiendo que es difícil para ustedes...

-No, mi niña, no -me abrazó y empezó a llorar como un niño, un silencio predominó, la maestra agachó su cabeza sin saber qué decir-

-Papi, por favor, déjame intentarlo.
-Ay hija, esto es muy difícil para mí.

-Papá, yo quiero ser una maestra como ella, a poco no te gustaría que yo fuera así?

-Sí, mija. Sí, lo que pasa es que...me duele saber que te vas a ir de aquí.

-Mijo, no le impidamos a la niña lo que ella quiere hacer; además, sería un orgullo para nosotros tener una maestra en la familia.

-Por favor, papá... apóyame.

-Señor Inocencio, -su voz se quebrantó- mi papá fue la persona más importante de mi vida, él me inspiró a ser lo que hoy soy. Él se involucró tanto en mi vida -lloraba con más fuerza- que hacerlo sentir orgulloso de mí, era mi gran deseo.

Él me llevaba a la escuela antes de irse al trabajo, por la tarde se sentaba conmigo y me preguntaba sobre todo lo que había sucedido en la escuela, me revisaba las tareas y me explicaba cuando no entendía lo que debía hacer. Jugábamos mucho, le gustaba que lo acompañara a montar a caballo, me leía libros -lloraba sin parar- Siempre me decía que era inteligente, y cuando algún niño se reía de mí en la escuela, con un beso me hacía sentir la niña más especial del mundo… cómo voy a olvidar a un papá como él?

No hay un solo día que no lo extrañe, ahora que tengo hijas, me doy cuenta lo mucho que él influyó en mi vida, en mi carácter, en la forma como educo y les hablo a mis niñas. Créame que su amor y sus palabras aún las llevo conmigo, porque no sólo se metió en mi mente, todo lo que me enseñó lo conservo intacto en mi corazón.

Ese involucramiento positivo del que le hablo, todos los papás del mundo deberían tenerlo con sus hijos, porque es ahí en esos momentos de compartir donde no sólo los aprendemos a conocer, también es una forma de hacerlos sentir que son importantes en nuestras vidas.

Así lo sentí y lo vivencié toda mi vida. Aún de adulta estando en la universidad, cada vez que tenía un mal día o pasaba por alguna situación difícil, lo buscaba para contarle y desahogar mis frustraciones y tristezas; lo más bello de todo, es que siempre estaba ahí, para escucharme y darme esa seguridad que tanto necesitaba. Le confiaba todo, su forma de hablarme hacía sentirme protegida y amada. Aunque también era estricto conmigo.

-¡Qué bonitos recuerdos tienes, maestra! -dije-

-El respeto y el amor que le tenía a mis padres hizo que nunca me metiera en problemas, no quería fallarles, ellos sacrificaron mucho para que yo estudiara. Me ofrecieron drogas, alcohol, sexo y otras estupideces pero siempre las rechacé.

Creo que cuando te dan amor suficiente en tu familia, no necesitas buscar aprobación en los amigos, con el cariño de los padres es suficiente para sentirte grande y poderosa. Ojalá todos los padres del mundo entendieran esto.

-Es verdad.

-Estoy completamente segura que Victoria va a ser lo mismo, créanme que si ella fuera una chica irresponsable, loca, inmadura, yo no metería las manos al fuego por ella. Esta niña tiene muchos talentos y vale la pena apoyarla.

-Gracias maestra-

-Ya no tengo más que decir, la decisión ahora es de ustedes, solo que sí me gustaría saber para yo proceder o no con mi familia, quedé de darles una respuesta y obviamente eso depende de lo que aquí se concluya.

-Papá, mamá... les prometo que no los voy a defraudar, déjenme demostrarles que yo sí puedo y que haré todo lo que esté en mis manos para terminar mis estudios, por favor.

-Hija, esto me duele mucho, más de lo que te imaginas, pero la maestra tiene razón, no puedo amarrarte, ni impedir que vueles, hasta ahora me has demostrado que eres una niña bien educada y respetuosa; eso es lo que vas a reflejar, estés donde estés.

-O sea, que sí me das permiso?

-Sí, mija… te doy el permiso para que vayas a estudiar -grité y lloré de emoción, miré a mi mamá y la abracé con toda mi alma, luego con mucha fuerza abracé a la maestra-

-Muchas gracias maestra, por ti está sucediendo todo esto. -nos abrazamos y lloramos-

-Maestra -interrumpió mi papá- lo único que me preocupa es cómo vamos hacer con el dinero para todos los gastos de sus estudios, yo no tengo con qué pagar lo que ella va a necesitar.

-No se preocupen por eso, mi esposo Carlos y yo le vamos a prestar el dinero de su matrícula y Victoria va a trabajar como enfermera cuidando a mi mamá en las tardes y los fines de semana en un restaurante, así nos va pagando, poco a poco.

-Suena genial.

-Más adelante miramos, si funciona o no, pero eso no importa ahora, lo que sí, es que ya tienes el permiso de tus papás y eso para mí es un gran alivio, felicitaciones señorita.

-Gracias, muchas gracias maestra.

-Todavía falta tiempo pero era mejor que esto ya lo tuviéramos listo. Les mantendré informados de lo que pase y cuando se acerque el momento, hablaremos para definir todo, está bien?

-Está bien -respondimos todos-

Los días pasaron y yo estaba comprometida conmigo misma, esa es la principal motivación que se debe tener para conseguir cualquier sueño. Sin duda, el ver la actitud de apoyo y confianza que me daban mis padres jugó un papel determinante en la manera cómo estaba enfrentando este desafío en mi vida. Para una niña de rancho no era fácil tomar una decisión como esta, pero el ver que ellos creían en mí, fue lo que me dio el poder para seguir adelante sin ni siquiera pensar en la posibilidad del fracaso.

Puse todo mi empeño en ser la mejor, al fin y al cabo, eso es lo que todos los padres desean ver en sus hijos. Me propuse sacar los mejores grados para así alcanzar el puntaje que necesitaba para entrar a la mejor universidad del país. Quería estar preparada para dar este gran paso en mi vida… y lo logré.

Me aceptaron para estudiar una licenciatura en la UNAM, les confieso que el ver la carta de admisión, me llenó de mucho temor, empecé a desconfiar de mi misma, de mis talentos; el miedo se apoderó de mí y la motivación se hizo a un lado para dar paso a pensamientos negativos que llenaban mi cabeza de dudas e incertidumbre

Ahora los papeles se habían cambiado, era yo la que estaba paralizada y eran mis padres los que con alegría les decían a todo el mundo lo de mis logros, los veía orgullosos de mí y, esto de alguna manera, me hacía sentir comprometida a no echar a la basura todo lo que había logrado. El verlos emocionados, fue esa fuerza poderosa que necesitaba para seguir adelante con mis proyectos, a pesar de los miedos.

Esto confirma lo que la maestra decía, cuando los padres se involucran de una forma positiva en la vida de los hijos, hace que su autoestima y su auto-concepto sea tan grande y poderoso, que ningún obstáculo será lo suficientemente fuerte para dañar sus sueños.

Y eso era lo que estaba sucediendo conmigo, el saber que me quedaba poco tiempo en casa, hizo que me acercara más a papá, me involucré en su trabajo, le pedí que me llevara a ordeñar las vacas y hacer lo que hace todos los días; lo sentí más amoroso y comprensivo. Mis hermanos se burlaban de mí, pero no era una burla de hacer daño, era una manera de conectarnos como la familia que nunca habíamos sido, por aquello de que ellos eran "hombres" y tenían que jugar cosas de "niños".

Mi padre nos hablaba de su niñez, de cómo desde pequeño aprendió a trabajar en el campo, cómo conoció a mamá, lo que hacía para divertirse de niño y cómo fue su vida de joven; todo eso me fascinaba, porque estaba conociendo a la persona que lo daba todo por mí.

A veces, nosotros los hijos, no conocemos lo suficiente a nuestros padres, no sabemos de su historia familiar, de su pasado y es importante saberlo porque aquí es donde nos vamos a conectar con sus expectativas y necesidades, sus valores y frustraciones. Es en este punto donde padres e hijos nos entrelazamos en un vínculo fuerte y poderoso que se llama amor.

Esas vacaciones previas al viaje fueron muy intensas, cenábamos juntos, veíamos la tele en familia, yo cocinaba y mi padre me hablaba con más frecuencia, me daba consejos y me sugería que me cuidara mucho de los hombres que quieren engañar y aprovecharse de las chicas ingenuas como yo que venimos del campo... me compartía muchas anécdotas de su juventud.

La verdad, me sentía cómoda con el modo en que me hablaba, me hacía sentir en confianza; de alguna manera, todo esto era una preparación para dar un paso que, tarde o temprano, tenía que dar, y que bueno que fuera así de esta forma porque los lazos familiares se fortalecen con estas acciones. Son los padres los que deben tomar la iniciativa de conocer más a sus hijos.

Llegó el momento del viaje...

Jamás me imaginé que me fuera a dar tan fuerte el despedirme de mi familia; sobretodo de mis hermanos, fue algo que me hizo romper en llanto. La maestra y su esposo me trajeron en su carro, mis padres me acompañaron hasta la ciudad porque querían ver en dónde y con quién iba a vivir.

-Cómo te sientes Victoria? -rompió el silencio el Dr. Guerrero, esposo de la maestra-
-Un poco atemorizada.
-Por qué? Si vas a estar en buenas manos.
-De todos modos, es un cambio muy fuerte.
-Así es. -opinó Esperanza-
-Pero vale la pena, este sacrificio te va a traer muchas recompensas. -dijo él-
-Eso espero, quiero algún día recompensarle a mis padres todo lo que han hecho por mí.

-Eso es lo que trato de hacer con mi madre, cada vez que puedo, la llevo a pasear, la hemos invitado a Tierra Santa, Roma, Estados Unidos, Cancún, Acapulco, etc. Ella merece lo mejor, no vive conmigo porque no quiere -dijo la maestra-

-Eso es lo que quiero hacer algún día con mis padres, maestra.

-No es necesario mija -dijo mi padre-

-Y tus papás todavía viven Sr. Guerrero? -hubo un gran silencio y la maestra evadió la mirada en el horizonte-

-Mis padres murieron en un accidente cuando yo solo tenía cinco años, me crió un tío, pero me mal trataba mucho, me forzaba hacer trabajos muy pesados porque según él, yo le traía muchos gastos. Siempre me comparaba con sus hijos haciéndome sentir el de menos, mis primos me humillaban mucho. -empezó a llorar- hasta que un día me escapé y me fui a la ciudad a buscar a mis abuelos maternos.

-Discúlpame no quería...

-Viví varios meses en la calle; todos los días pedía monedas en un semáforo para poder comer -las lágrimas caían por su rostro- hasta que una noche, terminé durmiendo en la puerta de una iglesia. Al día siguiente, el sacerdote se me acercó para platicar, y ahí mi vida cambió.

Al conocer mi historia, él me contactó con una señora muy mayor que vivía sola, sus hijos estaban en Estados Unidos y necesitaba alguien que le hiciera los mandados. Yo le caí bien a esta gran mujer, creo que mi mamá me envió a ese ángel para que me cuidara -lloraba con emoción- La llegué a querer como la madre que la vida me quitó, sus hijos me adoptaron como su hermanito menor; ellos se convirtieron en la familia que una vez perdí. -sus lágrimas eran más intensas-

Ella fue la que me metió en la cabeza la idea que tenía que estudiar, me amaba mucho, todos los días me decía que me quería, pero también era muy estricta cuando yo cometía algún error. Supo equilibrar muy bien el amor con la firmeza, las reglas con el cariño. Así es que sebe educar, con equilibrio, porque es justo esto lo que nos da la estabilidad emocional que tanto necesitamos cuando nos convertimos en adultos.

El amar a un hijo implica el quererlo pero también exigirle; brindarle afecto pero al mismo tiempo, darle responsabilidades. Ese es el sano involucramiento que debe haber para que los hijos crezcan siendo agradecidos con sus padres.

-Muy interesante. -afirmé-

-Fueron los hijos de mamá Santa -su nombre- los que me dieron los estudios, gracias a su apoyo pude ir a la universidad, ellos se encargaron de pagarme todo, me hicieron parte de su familia y me trataron como tal. Dios me dio en ellos, lo que nunca tuve… un hogar.

-Muy impresionante su historia doctor -dijo papá-

-Por eso, Victoria, aprovecha esta oportunidad que Dios te da, yo siempre pensé que mi vida iba a ser una desgracia, no visualizaba cosas buenas en el futuro, creí que mi destino era vivir en las calles, pero jamás me imaginé que mi existencia fuera a cambiar tan drásticamente.

-Increíble.

-Estudia hija, estudia. Tienes unos padres que te valoran, que te quieren y desean lo mejor para ti, siempre desee que mis padres estuvieran vivos para que se sintieran orgullosos de mí. -abracé a mis papás- El estudio va a cambiar tu forma de pensar, no vas a ser la misma; por eso, nunca olvides de dónde vienes.

-Así será… y la señora Santa todavía vive?

-No, -un silencio se interpuso- murió a los meses de haber terminado la universidad, la acompañé hasta el último suspiro, murió en mis brazos, fue algo muy doloroso…

-Lo siento mucho -le dijo mi mamá-

-Por eso, señor Inocencio, lo que uno viva con los hijos, es lo que realmente se va a quedar para toda la vida; sus palabras, aún resuenan en mi mente. No son las cosas que les damos a los chicos lo que los hacen felices, no. Es el tiempo, el diálogo, el aprecio, el afecto y la confianza lo que realmente ellos necesitan de nosotros.

-Así es, -reafirmó la maestra-

-Uno siempre trabaja demasiado para que a ellos no les falte nada "material" pero nos olvidamos como hombres o proveedores, que el estar presentes en sus vidas, es más necesario que la ropa de marca o los juegos que les compremos… cuando crezcan, es cuando nos van a reprochar lo que no les dimos, por falta de tiempo o de voluntad.

El sentirnos amados, aceptados y valorados por los padres siempre será la principal necesidad del ser humano. Cuando no tenemos esto en la vida, lo buscamos por todas partes, hasta encontrarlo.

Por eso, nunca es tarde para decirles a los hijos lo mucho que los amamos, no podemos seguir culpando el pasado por lo que somos. Los padres o las circunstancias difíciles que tuvimos no pueden seguir siendo la excusa para no darle a los chicos el amor que necesitan. Es hora de romper esas falsas "razones" que nos hacen víctimas de las circunstancias. Los hijos no necesitan papás víctimas, requieren padres revolucionarios que desafíen su forma de pensar para aprender a amar, de una forma diferente, porque…

Cuando tú pienses diferente,
tu vida será diferente.

CAPÍTULO 2

PRIORIDADES
Qué valores quieres que tus hijos aprendan?

Se llegó el momento que estaba evitando, el despedirme de mis padres fue una sensación muy difícil para mí, jamás pensé separarme de ellos y el ver las lágrimas de mi madre fue algo que tocó lo más profundo de mi corazón. Mi padre me abrazó muy fuerte, lo vi llorar como a un niño cuando tiene que dejar lo que más ama.

Esa noche lloré hasta que el sueño me apartó de la realidad, me sentía desprotegida, sin nadie que me diera el calor de hogar que una vez tuve, percibí la soledad en el interior de esa habitación, aunque cómoda, era sombría. Tan sólo habían pasado unas horas y ya extrañaba a mi familia, es el precio que se tiene que pagar cuando deseamos conseguir el éxito.

No me hallaba, en medio de la oscuridad mi cuerpo rechazaba su nueva realidad, los miedos y los pensamientos derrotistas empezaron a acechar mi cabeza haciéndome dudar de la decisión que había tomado. Por un momento pensé que era más cómodo haberme quedado con mis padres, como muchos lo hacen; por lo menos estando con ellos, no se vive esta sensación de vacío que mi alma estaba sintiendo.

Al día siguiente, desperté confundida, llena de temores, pero gracias a Dios, la calidez y forma de ser de la señora Teresa -mamá de la maestra- me brindaron la confianza que necesitaba. Me acompañó a la Universidad e hizo todo lo posible para que yo me sintiera a gusto en su casa; hablábamos mucho, me hacía reír porque tenía un exquisito sentido del humor. Pero lo que más admiraba, es que poseía una profunda sabiduría, pues sus consejos y experiencias fueron claves en mi nuevo proceso de adaptación.

Los días pasaron, empecé la universidad con todas las ganas y, al mismo tiempo, comencé a ver la realidad, lo que no se ve en un mundo tan pequeño como el mío, lo que los padres nos quieren "ocultar" o "evitar" para que nosotros sus hijos jamás lleguemos allí, una vida muy distinta a la del rancho donde crecí. Me topé de frente con el egoísmo, el sexismo, la discriminación; el hecho de venir del campo me hacía sentir inferior a las chicas liberales de la capital, esto fue un gran choque porque mis valores y la forma como me educaron mis padres se tornaba en algo anticuado y lejano del mundo real.

Me sentía fuera de lugar, mi forma de ser no encajaba en mi nuevo ambiente, así que tenía dos opciones: convertirme en uno de ellos, o llenarme de fortaleza para enfrentar el rechazo y la crítica social que implicaba ser una joven como yo, educada bajo otros parámetros diferentes. La verdad, no sabía cuál de las dos elegir para ser aceptada y aprobada por los demás.

Esta situación desató mi primera crisis, pues me llevó a encerrarme en mi misma, no tenía amigos y tampoco los anhelaba tener, pues en la universidad cada uno tiene que luchar por su propia cuenta. A los pocos días, comencé a trabajar en el restaurante los fines de semana y esto me ayudó muchísimo a conectarme conmigo misma.

Me sentía útil, y con el poco dinero que ganaba podía satisfacer mis necesidades, por lo menos para sobrevivir en la gran ciudad. Todas las noches, me sentaba a dialogar con mi única amiga, doña Teresa, me trataba como a su hija, esto hizo que no extrañara tanto a mis padres, pues su casa se había convertido en mi nuevo hogar y su compañía, en la mejor terapia.

LAS BATALLAS DE... VICTORIA

Las exigencias de la universidad aumentaban y la lucha por ser el más notable y popular, se hizo más fuerte, esto facilitó que algunas chicas perdieran su horizonte, pues cuando se actúa para agradar a los demás, es muy fácil que pierdas tus valores, tu esencia.

Las fiestas y las salidas nocturnas se hicieron frecuentes a medida que nos íbamos conociendo, ese es el verdadero peligro al que te enfrentas cuando vienes de un hogar donde no te enseñaron a quererte y respetarte a ti mismo. Pues es muy fácil caer en la perdición cuando no se tiene una autoestima bien fuerte.

-Hola Vicky, vas a ir al baile de bienvenida? -me dijo Lorena, una compañera de estudio-
-No creo, este fin de semana trabajo...
-¡Que aburrida, a poco trabajas!
-Sí, tengo que pagar renta porque mis papás no viven aquí... y tú, si vas a ir?
-Sí, pero me da flojera ir sola. Vamos, yo te invito.
-Es que no conozco a nadie.
-De eso se trata, es una fiesta de integración para que nos conozcamos.
-No sé. La verdad, no me gustan los bailes.

-Vamos, te prometo que te llevo a tu casa.
-Está bien, pero nos regresamos temprano.
–Ok.

Nunca había estado en una fiesta así, los chicos como locos, se paraban en las mesas, las chicas fumaban cigarro y bebían tequila de la botella al igual que los hombres, veía como se besaban sin ningún pudor, me sentía incómoda porque ese no era mi ambiente. En el baño encontré a dos chicas besándose semi desnudas y eso me sacó de onda, me sentí muy mal, si mis padres supieran donde estoy, Dios mío, fue lo que pensé en ese momento. Jamás me imaginé que esto pudiera pasar en una universidad.

No aguantaba el olor a cigarro, eso era lo que creía, con el tiempo supe que era marihuana, tenía dolor de cabeza, no soportaba el sonido y el tipo de música, enloquecía. Mi amiga se perdió, no la encontraba, salí a buscarla y vi como algunos de mis compañeros de clase estaban haciendo drogas, entre ellas Lorena, quien me ofreció para que me "divirtiera". No cabe duda, que los falsos amigos te pueden llevar al infierno cuando a ti no te enseñan valores.

-Lorena, me voy ya -le dije un poco molesta-
-No seas amargada, ven, aún está temprano.

-Te dije que debo trabajar mañana -las chicas que estaban con ella, se rieron, no entendía por qué.

Me dio tanta tristeza ver que, esos chicos que se drogaban y, que actuaban irresponsablemente iban a convertirse, en los futuros educadores de los niños y jóvenes de este país.

Estaba muy borracha o drogada, no sé... pero lo que más me sacó de onda, fue que la vi detrás de un árbol besándose con un chico, sin ningún tipo de respeto por ella misma. Estaba casi sin ropa y no le importó tan siquiera que yo esperaba por ella. Me desilusioné, no pensé que los jóvenes de aquí vivieran tan equivocadamente. Pues aunque soy del campo y mis padres no tuvieron estudios, la educación que me dieron fue muy diferente a la manera como les enseñaron a éstos a vivir. Ahora entendía perfectamente los temores de mi papá, su resistencia a darme permiso para vivir en este caos, en medio de tanta miseria humana.

Como pude tomé un taxi y llegué a casa, mamá Teresa me estaba esperando parada en la ventana, como una madre aguarda impaciente la llegada de su hija; sentí mucha pena por ella, porque ya está grande, me sentí avergonzada, pues esa no era yo. Me reprochaba el que me dejé llevar por esa falsa amistad, creí que ella actuaba con sinceridad y no fue así. No todos tenemos los mismos valores, ni actuamos con la misma responsabilidad, máxime cuando somos jóvenes. Esta regla de vida me tocó aprenderla rápido para poder sobrevivir en esa selva de cemento.

Las invitaciones a los bailes se volvieron más comunes pero las rechazaba, no porque me creyera una santa, era porque no era mi tipo de gente; además, la universidad era mi prioridad y no iba a permitir que nada me apartara de ese sueño. Aunque les confieso, que en ocasiones me sentía presionada a estar con ellos para no sentirme anticuada o diferente. Aprender a decir no, sin sentirme culpable o criticada, fue algo fundamental en esta etapa de mi vida, sin esta herramienta hubiese fracasado en poco tiempo.

Aquí valoré muchísimo la formación que mis padres me dieron, pues sus reglas estrictas y su disciplina, formaron en mí, ese carácter que me ha ayudado para defender con firmeza mi forma de pensar y actuar. Por eso, cuando yo decido que voy a hacer algo, lo hago. Pero también cuando me doy cuenta que alguien no me conviene como amigo, o una relación me va a traer problemas, me alejo sin importar si el precio sea quedarme sola. Como decía mi madre: "es mejor estar sola que mal acompañada".

Me enfoqué en los estudios, al fin y al cabo, a eso había venido, mi interés no era hacer amigos ni ser la más popular, aunque para muchas esa era su meta, yo venía a superarme. Comprendí que mis intereses eran otros y eso me hacía ser una chica centrada, madura y con un alto sentido de responsabilidad, pues no quería decepcionar a mis padres ni a la maestra Esperanza que tanto había creído en mí. Yo pienso que la madurez la vas desarrollando a medida que vas definiendo lo que quieres en la vida, pues esto es lo que te va permitir renunciar a todo aquello que no te lleva, a lo que realmente quieres alcanzar.

El Carácter y la Madurez son dos aspectos claves para hacer fuerte tus prioridades porque ya no son tus padres los que te dicen que debes hacer y que no, eres tú sola la que tienes que decidir qué es lo mejor para tu vida, enfrentando al mundo para no dejarte absorber por él.

Muchos jóvenes no están preparados para asumir esta faceta de independencia; sobretodo, los que están acostumbrados a que les dan todo sin límites y sacrificios, los que aún no han podido salir de una zona de confort porque se sienten débiles y temerosos para enfrentar los grandes desafíos que implica el asumir la realidad por ellos mismos.

Los padres no tienen idea del daño tan fuerte que se le hace a un hijo cuando se le enseña a vivir en un mundo lleno de lujos y comodidades. Cuando se enfrentan a un ambiente hostil como este, es cuando se dan cuenta que la bolita de cristal donde crecieron no existe, y que toda la fantasía que les hicieron creer, era un engaño. Por eso, algunos jóvenes adultos, cuando llegan a la universidad, entran en una etapa llamada segunda adolescencia o "adolescencia tardía".

Muchos de mis compañeros abandonaron la escuela en el primer año, se dieron cuenta que no estaban preparados para una realidad como esta, pues aquí no es suficiente ser inteligente, el secreto para triunfar aquí es estar convencido y tener pasión por lo que quieres; obviamente, esto solo lo vas a lograr, si para ti el estudio es tu principal prioridad.

Aunque seguía trabajando, para mí era muy claro que esto era secundario a mi sueño de ser maestra, era un medio para sostenerme pero no era lo que quería, lo digo porque veo a jóvenes como yo que cuando empiezan a trabajar pierden el horizonte y terminan queriendo más el trabajo que el estudio. Y lo entiendo, porque para un muchacho de mi edad, el poder vestir bien, usar zapatos de marca, tener con qué ir a divertirse, lo hace sentir poderoso ante sus amigos, y esto para un chico que quiere ser reconocido por los demás, es algo muy difícil de manejar.

Más aún, cuando a través del dinero puede invitar a una chica al cine o al baile, esto lo hace más gratificante para su autoestima, que estar leyendo o dedicando su tiempo al estudio.

Por eso, siempre he pensado que el éxito o el fracaso empieza en casa, de los hábitos que nos enseñen desde niños, va a depender en gran parte, la manera como actuemos de adultos. Si de pequeños se nos sugiere una hora fija para dormir, hacer tareas, leer, ayudar en la casa y nos controlan el tiempo para ver la tele y otras diversiones… si esto se hace constante, con el tiempo, estas normas se convertirán en rutinas positivas y si estas rutinas se mantienen, pronto ellas formarán parte de nuestra personalidad.

Esto explica por qué hay algunos jóvenes que les encanta leer, estudiar, son dedicados y están comprometidos con su carrera, lo veo en varios de mis compañeros. Esas son las amistades que prefiero; los que participan en eventos culturales, van con frecuencia a la biblioteca, visitan museos y aunque para otros éstos son aburridos, yo me identifico con esta forma de ser porque son amigos sanos e intelectuales. Yo no soy de bailes ni antros, esto viene conmigo desde mi infancia, soy una chica con unos valores y prioridades distintas y esto obedece a la forma como mis padres me educaron.

De hecho, me inscribí en un club de literatura en la Universidad y allí empecé a ver la otra cara de la moneda; estudiantes deseosos de triunfar, con ganas de transformar el mundo y proponer métodos diferentes para mejorar la educación. Me sentí súper conectada, era lo que deseaba, porque aportaban cosas interesantes a mi vida.

Allí conocí a David, un chico muy especial, del cual me enamoré, compartíamos mucho, se preocupaba por mí, fue un gran apoyo emocional cuando me sentía sola, pues el estar lejos de la familia era algo difícil de remediar. Nunca antes había sentido algo tan bello por alguien; mi faceta de mujer empezó a vislumbrarse y esto era algo con lo que yo no contaba.

Y sí que me pegó fuerte, nunca pensé que el enamorarse implicara tanto desgaste, pues mi tiempo y mis pensamientos los tenía que dividir entre el estudio y David. Pronto comencé a ver que esto me estaba alterando y no me ayudaba a enfocarme en lo que realmente era importante para mí, lo que trajo algo de confusión. No me imaginé que alguien tan inteligente se fijara en una chica como yo, quizás esa era la fascinación.

Me involucré demasiado en esa relación, fue mi primer noviazgo, a lo mejor, el más intenso, por la admiración que le tenía; por él me distancié de mi familia, ya casi no compartía con mamá Teresa, descuidé el trabajo y hasta mis estudios, me estaba dejando arrastrar a un vacío sin sentido, pues creí que él era todo en mi vida.

Esto nos suele suceder a las jóvenes que crecimos con falta de amor de los padres, con la ausencia de esa "figura paterna", que aunque vivía en casa, no estaba para mí. Y no es que lo esté culpando o usando de excusa para justificar mis acciones; simplemente, en ese chico estaba encontrando todo ese amor y protección que me hizo falta en la niñez.

Pero todo empeoró cuando cometí el error más grande de mi vida, aún me reprocho por esto y aunque para algunos esto era normal, para mí no lo fue. Me dejé llevar por sus palabras y me entregué a él, tuvimos relaciones sexuales, fue mi primera vez, pero sentí más culpa y vergüenza que placer, esto nunca debió suceder, por mis valores y por lo que mis padres eran para mí, siento que traicioné su confianza.

Esto lo cambió todo, ya no podía mirarlo a los ojos, sentía pena conmigo misma, lo evitaba, ya no quería que me buscara porque pude percibir que él había cambiado el concepto que tenía de mí. Se afectó profundamente la relación pues ya sólo me buscaba para tener sexo, esto me alteró demasiado, hasta que un día exploté.

-Qué te pasa reina, por qué has cambiado tanto conmigo? -me cuestionó David-
-Porque me siento muy mal por lo que pasó.
-Y cuál es el problema?
-Para ti no es ningún problema porque estás acostumbrado hacer esto. Le fallé a mis padres, no entiendes?
-Pero ellos no saben ni lo van a saber.
-De veras, no entiendes nada.
-La verdad, no.
-Es la primera vez que hago esto y me siento sucia, culpable, usada.
-Es normal que te sientas así, ya se te pasará…
-No creo. Soy una chica con valores, esto no fue lo que mis padres me inculcaron.
-Estamos en la ciudad, las cosas son diferentes aquí, no te compliques tanto.

-Creo que estoy embarazada, hace más de dos semanas que no me llega el período. -se quedó en silencio como si mis palabras le hubiesen cortado la lengua, lo noté nervioso-

-No puede ser.
-Sí puede ser -le respondí con enojo- esta es la consecuencia de lo que hicimos.

-Cuándo tenías que haber menstruado?

-Debió haberme llegado hace unos quince días.

-Y ahora, qué vas a hacer?

-Qué voy hacer o qué vamos hacer? -le grité llorando, me alteré demasiado-

-Yo no estoy preparado para una responsabilidad como esta, yo quiero estudiar, además no sé qué van a decir mis padres.

-Eres un idiota, y tú crees que yo sí lo anhelaba? crees que estoy preparada para traer un bebé a este mundo? yo también quiero estudiar, imbécil.

-Esperemos un poco más, a lo mejor te llega en éstos días, -su actitud me molestó aún más-

-No te quiero volver a ver.
-No te entiendo, no decías que me amabas?
-Si realmente me amaras, me hubieras respetado
-Pero eres adulta, tú también quisiste…
-Lárgate de mi vida, ya sé que no cuento contigo si algo pasa -le grité y corriendo me aparté de él-

Esa noche llegué a casa y me tiré a la cama a llorar, estaba decepcionada de mí, no tenía cara ni tan siquiera para ver a mamá Teresa, no pensé que esto me llegara afectar tanto. Quiero recalcar que no fue el acto como tal lo que me avergonzó, fue el no haber sido leal a mis principios, a mi familia, a mis padres, a tanta gente que había creído en mí. Porque fui una irresponsable, sabía perfectamente que esto podía suceder, era una posible consecuencia de lo que estaba haciendo; tal como le ocurrió a mi prima Paloma, que por querer volar sin alas, quedó embarazada a los quince años de edad.

Para esos días fui a visitar a mis papás, eran las vacaciones y quería darme un espacio para poner en orden mi cabeza; necesitaba volver a mis raíces para rencontrarme conmigo misma, con mi esencia y mis valores.

No me hallaba, me sentía extraña, como si ya no perteneciera a este lugar donde crecí, incluso con mi propia familia me percibía distante.

-Hija, qué te pasa? te noto diferente -dijo mamá-
-Nada madre, es que todo lo veo muy cambiado.
-Es el mismo pueblo, todo sigue igual.
-A lo mejor soy yo. -la abracé, quería sentir su amor y su afecto-
-Ya no eres mi niña, creciste muy rápido, no te imaginas como me haces falta, a veces creo que no te has ido...
-Me pasa igual, me haces mucha falta madre.
-Mija, ya no veo en tus ojos esa inocencia, esa chiquilla ingenua, eres otra.
-El vivir sola, sin la familia, me ha hecho madurar.

Quería contarle a mi madre lo que había vivido pero no pude, no quise defraudarla, preferí sufrir sola y afrontar yo misma esta situación. Muchas veces, los padres no se enteran de todo lo que vivimos los hijos, quizás por falta de confianza, por pena o porque esos secretos hacen parte de nuestra intimidad... Ese pequeño mundo donde sólo existimos nosotros y no permitimos que nadie entre en él; incluso, los que más amamos.

El estar rodeada de la gente que amo y poder sentirme más tranquila, alejada de él, hizo que mi cuerpo reaccionara y se conectara nuevamente con mi biología. La menstruación llegó y con ella, un remanso de paz y alegría retorno a mi vida. Lloré mucho, no sé si de felicidad o miedo, lo cierto es que esta experiencia se convirtió en una gran lección que jamás olvidaré, pues de ahí aprendí que no todo puede llamarse "amor".

Los días pasaron y mi actitud cambió, como si me hubiese quitado un peso de encima; otra vez el optimismo había regresado la niña "estudiosa" de la familia. En esto los padres muchas veces se equivocan, creen que porque tenemos buenas calificaciones no tomamos malas decisiones.

Quise convencer a mi prima Ángeles a que se animara a venir conmigo a la capital para que estudiara, siempre pensé que era más inteligente y talentosa que yo, había terminado su escuela y sólo le ayudaba a mi tío Próspero en su tienda. Su vida se pasaba entre el negocio y su casa, era un desperdicio de vida y juventud. Quería que fuera a la universidad a ser la doctora que quería ser; además, deseaba compañía para mi soledad

-Ángeles tú eres inteligente, estudia.
-Prima, la verdad, me da flojera. Además, así estoy bien.
-Pero piensa en tu futuro, en tener una profesión.
-Es que no tengo necesidad de irme de aquí, mi papá urge que le ayude en su negocio.
-Prima, tú puedes ser una buena doctora, quizás una abogada o publicista, algo así.
-Vicky, no me gusta estudiar, terminé la prepa y ya con eso es suficiente.
-Prima, no seas conformista.
-Mi papá me paga bien y tarde o temprano yo voy a continuar administrando la tienda porque, quién va a cuidar de ellos, si yo soy su única hija. Ahora si me entiendes?

No hubo forma que la pudiera convencer de lo que le estaba diciendo. Cuando a un chico le dan todo en abundancia, como fue el caso de ella, no le enseñan a valerse por sí mismo y no aprende a ser auto-suficiente, porque cree que es deber de los padres darle todo sin límites. En otras palabras, no es independiente y esto es lo que marca la diferencia con los que sí queremos salir adelante.

Un joven que depende económicamente de sus padres, jamás va ver la necesidad de hacer algo por sí y para sí mismo. No va a poner en su cabeza metas a cumplir, está tan cómodo en su vida que no ve el sacrificio y el esfuerzo como algo necesario y la razón es porque no está acostumbrado a que le exijan para conseguir lo que quiere.

¡Que error tan grande cometen los padres que les hacen fácil la vida a los hijos! Cuando les dan todo lo que piden para que no "sufran", en últimas están educando chicos destinados a fracasar ya que crecen siendo conformistas y sin deseos de superarse. Las personas que no tienen objetivos claros en sus vidas, tampoco tienen prioridades; y ese es el problema porque son, precisamente estas, las que nos llevan a conseguir todo lo queremos.

Esto fue lo que sucedió con Ángeles, le dieron tantos lujos, que la hicieron una "pobre", víctima de sí misma. Porque una mujer de veintiséis años que no sea independiente y no tenga una visión sobre su vida y su futuro, es pobre de espíritu, de iniciativa, de tenacidad y liderazgo.

¡Qué pena por ella!, me da tristeza que una chica tan bella, llena de vida, esté desperdiciando sus mejores años, en vez de invertirlos en preparase para tener un mejor estilo de vida el día de mañana. Definitivamente, de los padres depende el que sus hijos sean águilas o gallinas. Yo decidí ser águila; por eso, volé a un horizonte desconocido.

Regresé a mi realidad, a ese mundo que me llenaba de mucha incertidumbre pero también de altas expectativas. David me buscó y tratamos de iniciar nuevamente la relación, esta vez, con límites más claros; lo intentamos pero nos dimos cuenta que se había perdido el encanto y la magia entre los dos, así que decidimos quedar como amigos e increíblemente, todo fue mejor.

Esta vivencia me ayudó a conectarme con mis prioridades, afiancé con poder la idea que jamás iba a permitir que nadie me apartara de mi deseo de ser la mejor maestra del mundo, esa era mi motivación. Por mis malas decisiones me estaba apartando del camino, pero a veces, los errores nos hacen recapacitar y entender que lo que se quiere, no es realmente lo que necesitas.

Mi vida continuó enfocándome en lo esencial y gracias a esta nueva actitud pronto los logros empezaron a darse, me gané una beca completa para continuar mis estudios, lo que facilitó que me pudiera involucrar en varias actividades de la universidad; me inscribí en teatro y danza, esto me absorbió por completo.

Conocí gente muy talentosa con mucho que aportar al arte y la cultura, esto amplió más mi círculo de amistades positivas, y no sólo eso, las puertas se empezaron abrir; no hay duda que las oportunidades te van a llegar o se te van a ir si no estás en el lugar correcto, con la gente correcta.

Gracias a Luna, una amiga que conocí en el grupo de teatro, pude conseguir mi primer trabajo como maestra en un pre-escolar privado de niños de clase media alta, me pagaban muy bien y la directora me hacía sentir súper especial. Esta experiencia me convenció muchísimo más de lo que quería hacer con mi vida. El trabajar con éstos chicos, me llenó de ilusiones, reavivó ese deseo de continuar mis estudios, a pesar de lo difícil que era para mi estudiar y trabajar al mismo tiempo, fue lo mejor que me pudo haber pasado.

Definitivamente, cuando uno se dedica a lo que quiere, las cosas se van dando, poco a poco, en el momento que menos lo esperas; por eso, hay que salir en búsqueda de las oportunidades, encerrado en tu casa, no te van a llegar. El éxito no es cuestión de "suerte" como la gente dice, no. Eso que llaman éxito, solo es el resultado de enfocarte en lo que deseas y de luchar todos los días con disciplina, sacrificio y esfuerzo, por eso que quieres alcanzar.

Todo esto llevó a un cambio muy interesante en mí, mis expectativas se hicieron más fuertes y los deseos por terminar pronto la universidad lo establecí como una meta a corto plazo. Las vacaciones las usaba para adelantar materias; mientras otros se divertían, yo estudiaba. Me inscribí en clases avanzadas, esto me permitió que pudiera terminar mi carrera antes de tiempo. Me sentía orgullosa de mi misma, de mis logros.

Con el grupo de teatro de la Universidad empezamos a viajar por varias ciudades y tuve la fortuna de ser elegida para ir a un intercambio de estudiantes de otros países en un campamento intercultural en Houston, Texas.

Allí conocí a Christopher, un chico encantador, con un carisma único, estudiaba ciencias politicas en la Universidad de Berkeley, California. Aunque había nacido en el norte hablaba bien español ya que su madre era mexicana. Nos conectamos de inmediato, su facilidad de expresión y liderazgo me atrajo demasiado, pero tenía bien claro que no podía caer en el mismo error de antes.

Nos hicimos buenos amigos, me escribía y llamaba con mucha frecuencia, estaba pendiente de mí, él se convirtió en un soporte en esta etapa de mi vida. Me motivó a que estudiara inglés y así lo hice, me inscribí en curso intensivo porque no quería quedarme atrás de él; de alguna forma, Chris me estaba retando a sacar lo mejor de mí.

La relación se hacía más fuerte, yo me sentía muy cómoda por sus actitudes de respeto hacia mí, eso generó un mayor acercamiento afectivo pero esta vez, yo tenía el control de la situación. Estaba lo suficientemente segura para no permitir que pasara lo que no quería que sucediera; los límites los tenía muy claros y no iba a permitir que nada ni nadie estuviera por encima de mis prioridades, eso se lo hice saber y lo entendió.

Tres meses después vino a visitarme, quería conocerme más, él se quedó en un hotel cerca a mi casa, compartimos bellos momentos, lo llevé a que conociera el zócalo, las pirámides, la plaza Garibaldi, el santuario de la Virgen de Guadalupe y lo que más le encantó, la universidad. Me sentí muy especial con su compañía.

Empecé a sentir algo muy fuerte por él, ya no lo veía simplemente como un amigo, y él también me expresó lo mismo, así que esta relación se tornó en algo más serio pero guardando siempre las distancias, pues sabía perfectamente que no estaba dispuesta a renunciar a mis estudios por ningún motivo. Esa era una regla no negociable entre los dos y así lo asumimos.

Era una relación afectiva e intelectual, aprendí mucho, me motivaba a superarme, a dar más de lo que podía, a no conformarme con lo mínimo y eso me encantaba. Me invitó a California para que conociera su familia, tenía grandes sueños para mí; incluso, hablábamos de un futuro juntos y eso me asustaba pero a la vez, me ilusionaba. Me vendió la idea de algún día irme a estudiar allá y de dar un paso más grande en mi existir.

No lo veía muy claro pero en el fondo era otra oportunidad que la vida me presentaba. No quise ilusionarme ni sentirme presionada, así que me enfoqué en terminar lo que ya había iniciado. Se estaba acelerando mucho y yo tenía que tener los pies bien puestos en tierra, no podía tropezar de nuevo con la misma piedra.

El tiempo pasó y nuestra relación se hizo más seria, Chris terminó sus estudios, se graduó con honores y le ofrecieron un buen trabajo en la misma Universidad; además, se ganó una beca para estudiar una maestría en educación. Esto me impulsó mucho más a terminar pronto mi carrera, fue lo que me llevó a ver con claridad que estaba preparada para algo más grande, que estaba forjando un futuro muy promisorio y, que quizás, la vida me iba a llevar más lejos de lo que yo mismo imaginaba.

Sin duda, Chris me traía paz, alegría, ganas de superarme, estaba en una relación sana, esto era lo que yo merecía, pero fueron esos límites que puse los que crearon este tipo de noviazgo; sin éstos, lo más probable es que me hubiese vuelto a equivocar como antes.

Un año después…

Hoy es el día de mi graduación, el momento más esperado, otro sueño hecho realidad, un peldaño más hacia la cima, el fin de tantas batallas pero a la misma vez, el comienzo de una nueva etapa con otras expectativas y retos en mi vida. Me siento muy feliz, orgullosa de mi misma, de lo que he logrado, no puedo creer como el tiempo pasó de rápido… cinco años se fueron volando, eso sucede cuando te entregas a lo que amas verdaderamente. Lo que más me emocionó fue ver a mi familia, en especial a mis padres que jamás se imaginaron ver a su hija haciendo, lo que ellos nunca creyeron que iba a pasar.

Me llenó de alegría ver a mis hermanos, a la maestra Esperanza y su esposo, a Teresita, mi segunda mamá y en especial, a Chris quien me miraba con orgullo, con amor puro, de esos que solo saben expresar los que aman de verdad. Me di cuenta que había valido la pena tanto sacrificio, haber salido de mi pueblo para venir a darlo todo en una realidad que intimidaba a una pequeña águila que solo quería volar con sus hermosas alas fuertes que guiaban su destino.

Vinieron a mi mente aquellos momentos difíciles que tuve que afrontar; desde la soledad del primer día, hasta el hambre que, muchas veces, tuve que soportar porque no tenía con qué comer… El miedo al peligro de caminar sola en la noche para llegar a casa, el cansancio de acostarme tarde porque trabajar y estudiar era un reto demasiado alto, para una chica que lo tenía todo en casa; el no tener un peso ni siquiera para comprar un jabón. -unas lágrimas empezaron a rodar- Todas esas adversidades las viví y las superé; paradójicamente, eso me hizo más fuerte porque fueron esas situaciones de dificultad las que me enseñaron a valerme por mi misma. -Estaba muy sensible y no paraba de llorar porque no sé de dónde saqué tanta fuerza para enfrentar sola todo esto, lejos de mis padres-

Cuando recibí el diploma de grado, sentí una emoción que jamás la podría describir, el deseo de llorar se hizo más fuerte y no pude contener esa necesidad de sacar todo lo que mi yo interior deseaba expresar, lloré como esa niña que había dejado de ser. A la primera que abracé con toda el alma fue a mi mamá.

-Madre, gracias por todo lo que hiciste por mí -no podía dejar de llorar- Este diploma es para ti, te lo dedico porque siempre creíste en mí, en que yo podía hacerlo. -nos dimos un abrazo muy fuerte-

-Estoy orgullosa de ti, hija.

-Gracias madre -luego abracé a mi padre-

-Hija, te felicito, me demostraste que sí podías.

-Gracias papá porque me diste la oportunidad de estudiar, sé que para ti era difícil… -no pude contenerme y lloré con más fuerza- te dije que no te iba a defraudar, ya ves, lo logré papá.

-Así es mija, me siento muy feliz.

-Maestra… gracias, infinitamente gracias, tú eres la culpable de todo, jajajajjaja. Fuiste la que me motivaste hacer esto, eres parte fundamental de mis logros -la abracé fuerte y llorando le dije- te quiero mucho Esperanza… eso fuiste para mí, llegaste a mi vida a darme mucha esperanza.

-Esto que lograste hoy es tu primer victoria, estoy muy orgullosa de ti, sé por lo que has pasado y me asombra la fortaleza con que lo has asumido.

Eres una guerrera hija, te quiero mucho y yo sé que te va a ir muy bien en la vida porque sabes lo que quieres; cuando uno consigue con sacrificio lo que desea, lo valora más… vas a ser una gran maestra y excelente profesional, estoy muy feliz de no haberme equivocado contigo.

-Maestra, eres una persona muy importante en mi vida, te agradezco de corazón. Todos tus consejos los llevo en lo más profundo de mi alma, eres mi modelo y ejemplo a seguir.

-Mi niña hermosa -interrumpió mamá Teresa- te felicito mija, -me dio tanta emoción su saludo que la abracé con mucha fuerza y me puse a llorar-

Ella fue testigo de mis batallas y observó de cerca mi cansancio; varias veces, me despertó a la madrugada porque me quedaba dormida sobre los libros estudiando para algún examen. En muchas ocasiones me quitó el hambre, me cuidó cuando estaba enferma y estuvo pendiente de mi como si fuera su hija; por eso, la llamaba mamá Tere. Ella se convirtió en mi compañera y soporte en esos tiempos de lucha, por esta razón, su abrazo significó tanto para mí.

-Gracias doña Teresa por ser esa persona tan especial en mi vida, por tus cuidados, porque te convertiste en una madre para mí -lloré al verla, sus ojos llenos de lágrimas hicieron que mis palabras salieran de lo más profundo de mi alma- te llevaré siempre en mi corazón, ojala algún día pueda recompensarte todo lo que hiciste por mí.

-No digas eso hija, tú sabes que soy yo la que te agradezco porque viniste a darme compañía en esa soledad tan grande que estaba viviendo.

-Hola preciosa -intervino Chris- estoy muy feliz de poder estar contigo en este día tan especial, sé muy bien lo que esto significa para ti, te lo mereces, haz luchado por esto -lo abracé fuerte, me dio mucha alegría verlo, no me imaginé que hiciera un sacrificio tan grande por mí, eso me hizo entender lo mucho que significaba para él-

-Gracias por venir, fue una gran sorpresa verte aquí, ven te presento a mi familia -aunque quería besarlo, por respeto a mis padres no lo hice, no era el momento, quería que ellos se llevaran la imagen del caballero respetuoso y fino que era, me sentí muy alagada con su presencia.

-Usted es el famoso Chris, -le dijo mi mamá, ella sabía quién era porque le hablaba de él con cierta frecuencia. El saludo de mi padre fue un poco más distante porque veía que esto no era solo una amistad, intuía perfectamente que algo muy intenso estaba pasando entre los dos, esto no era cosa de niños, era algo de soñadores-

Esa noche fue muy especial, estaba con las personas más importantes de mi vida; me sentía feliz, lo tenía todo en ese instante, que no quería que terminara pronto… como si la existencia hubiese reservado este hermoso momento para recompensar todas esas noches de tristeza, llanto y soledad que viví. La maestra, su esposo y mamá Tere, nos invitaron a una cena en un lugar muy elegante, allí celebramos con gozo el haber ganado mi primera batalla.

Decidimos irnos para el rancho con mi familia y le pedí a Chris que fuera conmigo, compartimos el fin de semana, conoció mi familia y mis padres tuvieron la oportunidad de intuir sus verdaderas intenciones para conmigo. Mi mamá estaba encantada con sus modales, pues justo lo que hizo enamorarme de él, fue su educación.

Mi hermano mayor le enseñó a montar en caballo y juntos cabalgábamos por las praderas, en las mañanas acompañábamos a mi papá a ordeñar las vacas, estaba fascinado con la vida del campo, pues para él, esto era desconocido. Esta experiencia nos conectó profundamente, porque tuvimos la oportunidad de conocernos más, sobretodo, que él entendiera de dónde venía y cuáles eran mis valores como persona.

Regresamos a la capital, tenía que trabajar y Chris debía continuar con sus responsabilidades, al despedirnos experimenté una sensación de vacío muy fuerte que nunca había sentido por nadie, no se iba y ya lo extrañaba; no quería que se fuera, deseaba que se quedara a mi lado. Fue entonces cuando comprendí que eso que llaman amor crecía, cada vez más, entre los dos.

El haber terminado mis estudios hizo que se abrieran más puertas, un maestro me invitó a participar en un proyecto de investigación de la universidad, la idea era aplicar nuevos métodos de enseñanza-aprendizaje en escuelas públicas. El sueldo se me incrementó mucho más y una nueva etapa de mi vida empezaba a florecer.

El estudio implicaba viajar a otras ciudades de la república y estar en contacto con profesionales de diferentes escuelas, universidades y agencias del gobierno. Me sentía muy feliz porque todos los días aprendía mucho y conocía gente muy interesante, esto hizo que mi forma de vestir y mi imagen personal cambiaran para verme más presentable ante los demás. No podía creer que una chica de rancho estuviera hoy disfrutando de los frutos de su sacrificio.

Definitivamente, la vida me cambió, el haber salido de mi pueblo, había valido la pena. Viajaba con frecuencia y llegaba a buenos hoteles, tenía el reconocimiento y respeto de las personas con quien trabajaba; además, la oportunidad de seguir estudiando, que más le pedía a la vida? Por eso, es tan importante la escuela, ojalá todos los chicos fueran conscientes de esta realidad.

Solo tenía veintitrés años y ya estaba volando como algún día lo soñé, pero esto que estaba viviendo estuve a punto de tirarlo a la basura por una estupidez. Es increíble como una mala decisión que tomemos, nos puede cambiar el destino por completo.

El estudiar inglés y aprenderlo hablar un poco, ser joven, con buenos hábitos y además tener un título de universidad, sin duda fueron mis mejores herramientas para enfrentar esta otra etapa de mi vida. En mi nuevo trabajo tuve que interactuar con personas mayores que yo, la mayoría mucho más preparadas y con experiencia, pero fue mi seguridad, el estar convencida que esto era mi pasión, lo que llevó a que me vieran con respeto y admiración. Aquí entendí que todo lo que te sucede en la vida tiene un propósito y, ese propósito es, prepararte para enfrentar la vida.

Así pasaron tres años, viajando, conociendo, aprendiendo, dando lo mejor de mí, en algo que no era un trabajo, era mi proyecto de vida, a lo que yo quería dedicarme para siempre. ¡Quién lo diría, lo que ayer era mi prioridad, hoy se había convertido en mi felicidad!

Pero lo que más me hacía feliz de todo esto, era estar en las escuelas interactuando con niños, jóvenes y maestros. Esto sí que fue una gran experiencia porque conocí educadores de corazón, gente que siente amor por lo que hace, que no sólo enseñan, sino que transforman vidas.

Dialogué con muchos adolescentes, supe de sus sueños y luchas por tener una vida mejor, lo difícil que era tratar de salir de la pobreza en que estaban por la política corrupta y el imperio de la mafia que, cada vez más, se apoderaba de sus tierras. Anhelaba ayudarles, pero me sentía impotente, eso me hizo ser más sensible a una realidad que no conocía en su totalidad.

Sin embargo, algo me faltaba, todo este éxito profesional no era suficiente, estaba incompleta, mi dimensión de mujer reclamaba algo; deseaba ser amada por el hombre que quería. Estaba buscando mi plenitud, que para mí, es quizás, el triunfo más importante que un ser humano pueda alcanzar en su vida.

Así que había llegado el momento de tomar otra decisión importante. Lo habíamos hablado pero sentía que no estaba lo suficientemente preparada para dar este paso; sobretodo, porque implicaba hacer algunos cambios muy drásticos en nuestras expectativas laborales, pues para aquellos días a Chris le habían propuesto trabajar como profesor asociado en la Universidad de California en los Ángeles (UCLA).

En ese dilema me hallaba, la verdad no veía muy claro el futuro de los dos, no estaba segura que Chris quisiera venirse a vivir a México y yo tampoco quería renunciar a lo que con tanto esfuerzo había logrado. No sabía realmente lo que iba a pasar, el problema es que teníamos que definir esta situación porque no iba a permitir que me convirtiera en una novia eterna.

Siempre he pensado que el amor no es solo corazón, también debe ser un acto racional para llegar a una determinación lógica y poder así, amar con libertad. Agradezco a la vida, que soy una mujer independiente, no necesito de un hombre que me mantenga, esto me hace ser libre para decidir lo que quiero. Esta es la razón por la que mi mamá siempre quiso que estudiara.

Para escapar de esta confusión por unos días, me fui al rancho a celebrar mi cumpleaños con la familia; estaba divirtiéndome mucho, disfrutando de una hermosa noche, rodeada de la gente que amo, cuando de repente llegaron unos mariachis, nadie los esperaba, al comienzo creí que era un regalo de mis padres, pero ellos fueron los primeros en sorprenderse.

LAS BATALLAS DE… VICTORIA

Tocaron hermosas canciones que me llegaron al alma, estaba muy sensible, precisamente, por todo lo que estaba viviendo. De repente, uno de los mariachis se acercó y mirándome fijamente a los ojos empezó a cantar una bellísima melodía que me dejó sin palabras:

"Si sientes que tus ojos se iluminan
al mirar su cara
y el corazón tiembla de amor
y te sacude los hilos del alma,
es la señal de su llegada, es sin duda…
La mujer que amas.

En ese momento no pude contener mis deseos de llorar, agaché mi cabeza y pensaba en Chris, en sus besos, sus caricias, sus palabras que me llenaban de amor, en lo mucho que lo extrañaba; de repente, otra voz, entonó:

"Abre tus alas, dile que ya la esperabas,
dale tus sueños, no dejes que se vaya.
Dile que nadie te hará cambiar este amor por ella
dile que el Amor existe,
dile que lo descubriste en ella".

El mariachi me tomó de las manos, levanté la cabeza y pude ver con claridad que quien estaba cantando era Chris; los dos no podíamos contener las lágrimas, -no sabía que cantaba tan bonito-. Nos abrazamos y lloramos como dos niños. La otra gran sorpresa fue que vino con su mamá y su hermana, la cómplice de todo esto fue la maestra Esperanza, mi amiga del alma.

-Victoria, te amo con todo mi corazón y he venido a decirte algo… te quieres casar conmigo? -y sacando una caja pequeña de su pantalón me entregó un precioso anillo. Quedé perpleja, estaba tan emocionada que no sabía qué decir-

-Sí, me quiero casar contigo. -lo abracé fuerte y pude sentir que le estaba entregando mi vida a la persona correcta-

-Te amo, -todos aplaudieron, aunque no pude evitar ver la mirada triste de mis papás, como si estuvieran visualizando el futuro de su hija-

-Hija, -me abrazó mi madre- te mereces ser feliz, Dios te mandó un buen hombre porque Él premia siempre a los buenos hijos.

Mi niña, gracias por ayudarnos tanto, cada mes nos mandas dinero para que no nos falte nada y eso te lo agradezco en el alma. Dios bendiga ese corazón tan bondadoso que tienes, mija.

-Es lo mínimo que puedo hacer por ustedes ma, te amo con todo el corazón -lloramos abrazadas-

-Hija, estoy feliz y triste a la vez, gracias por ser quien eres -me abrazó mi padre con fuerza-, no pensé que este momento fuera a llegar pronto.

Mis hermanos también se acercaron y con mucha emoción me expresaron palabras que jamás me habían dicho y, junto con mis padres, nos fundimos en un solo abrazo. Ese día entendí que había hecho la diferencia, rompí un patrón de conducta, una manera de pensar; les enseñé que se vale soñar, que el ser una chica de provincia no me hacía menos ni más que nadie.

Conocí a la mamá de Chris, una mujer bella y encantadora; su hermana Mary, educada y formal las dos me hicieron sentir especial. Tuvimos la oportunidad de compartir maravillosos momentos pues se quedaron varios días en el pueblo.

Esto nos acercó mucho porque, tanto mi familia, como la de él, compartíamos los mismos valores y formas de pensar. Esto agradó bastante a mis padres que tenían un poco de reserva pues no conocían lo suficiente a Chris; creían que por ser "gabacho" iba a ser diferente.

-Cómo está mi futura esposa? -me abordó Chris en un momento que quedamos solos, comiendo nieve, en la plaza del vecindario-

-Muy bien y tú? Ya te arrepentiste? Jajajajaja -me reí por el rostro que puso-

-No, por supuesto que no, y tú?

-Sí, me arrepiento haberte dicho que sí, -lo tomé del brazo y le di un beso- no te creas, hoy más que nunca estoy segura. Pero hay algo que no hemos hablado aún.

-Me imagino… cuántos hijos vamos a tener?

-No. Has pensado dónde vamos a vivir? Estás dispuesto a venirte para México?

-Sí, por ti hago lo que sea. -quedé impresionada por su respuesta rápida y firme-

Noté mucha sinceridad en su afirmación, yo que creí que esta iba a ser nuestra primera discusión-

-De veras, lo dices de corazón? -no podía imaginar que él pudiera renunciar a todo por mí; nunca pensé que fuera merecedora de alguien que me amara incondicionalmente-.

-Sí. Y tú, no has pensado en la posibilidad de irte a vivir allá?

-La verdad, no. -me quedé callada, no tenía un argumento válido para justificarme, después de haber escuchado su respuesta tan precisa-

-No es una decisión que debamos tomar hoy, pero yo te propongo lo siguiente: fijemos la fecha de la boda para las vacaciones de Junio y nos vamos de Luna de miel en un crucero saliendo de los Ángeles… te quedas conmigo allá por todo el verano y si te gusta ese ambiente y crees que hay posibilidades de trabajo, nos quedamos.

-Y si no?

-Te doy mi palabra que nos venimos a vivir a México, al fin y al cabo, tengo sangre de aquí.

De todos modos, quiero que sepas que deseo lo mejor para ti… lo que he pensado es que si decides quedarte allá, el primer año lo dedicarías a estudiar inglés tiempo completo en la universidad, así lo vas a perfeccionar. Cuando te sientas segura, puedes aplicar para ser maestra en una escuela, tengo un amigo que trabaja para las escuelas públicas de los Ángeles, él nos puede ayudar; de hecho, ya le hablé de ti y dice que podemos contar con él. Qué te parece lo que te estoy proponiendo?

-Me impresionas. No sabía que tenías esas ideas tan claras, pero se ve muy llamativo.

-Lo único que tengo claro, es que no te quiero perder, jamás hallaré una mujer tan linda como tú, con ese cuerpo de sirena, ese cabello negro largo y esos ojos cafés que me enloquecen. Eres hermosa, mi reina Victoria…

-Estás loco, -y sin decir nada más, nos besamos-

-Lo que más deseo es hacerte feliz.

-Chris, hay algo que debes saber… -le dije con temor, pues no sabía cuál podía ser su reacción-

-Qué sucede, te arrepentiste?

-No, no es eso. No soy virgen, yo tuve relaciones con David, el chico del que te hablé, es algo de lo que me arrepiento en el alma…

-No te preocupes, para mí eso no es problema, yo te amo por lo que eres, por lo que me haces sentir cuando estoy contigo; además, esto hace parte de tu pasado, créeme hermosa que yo te acepto tal como eres.

-Te lo quería decir para que lo supieras porque sé que para los hombres la virginidad es muy importante; de hecho, aquí en mi pueblo es más importante eso, que el amor.

-Jajajajaja, no te lo puedo creer. Eso depende de la mentalidad y la madurez de cada persona, cuando uno valora a alguien sólo por lo físico puede caer en esas exageraciones, pero cuando se ama de verdad, lo corporal es lo de menos.

-Así es, por eso siempre soñé casarme con un hombre educado, inteligente, respetuoso, que me valorara por mis capacidades no por mi cuerpo, alguien como tú. -lo besé tiernamente-

Un año después…

Hoy es el día de nuestro matrimonio, siento mucha ansiedad, a la vez, felicidad porque voy a entregarme en cuerpo y alma para toda la vida al hombre que amo. Toda mi familia está a mi lado, algunos familiares y amigos suyos vinieron desde el norte para estar con nosotros. Mamá Teresa, Esperanza, su esposo e hijas; algunos vecinos y compañeros de trabajo hacían presencia en el templo para ser testigos de esta celebración.

Chris estaba impecable, como el príncipe que recibe a su princesa en sus brazos en un cuento de hadas; lo vi hermoso, reluciente, con sus ojos claros que brillaban adornando el altar. Su rostro resplandecía como un adorno más, mis manos se ajustaron a las suyas con fuerza para unirnos en la presencia de Dios…

-Los declaro marido y mujer hasta que la muerte los separe, -pronunció el padre- Puedes besar a la novia para sellar este pacto ante Dios.

-Gracias por elegirme para que fuera tu esposa…

-Gracias a ti por aceptar ser parte de mi vida, te amo y quiero que esto que hoy juramos aquí sea para toda la vida. Estás de acuerdo conmigo?

-Por supuesto que sí -nos besamos con ternura y todos los asistentes aplaudieron, convirtiéndose en los testigos de esta gran alianza de amor-

Con este beso cerré otro capítulo de mi vida, dejé atrás esa época de luchas y confrontaciones conmigo misma, ahora se avecinaba el momento de recibir la recompensa a todo mi sacrificio, de recoger los frutos de lo que había sembrado y disfrutar de ellos con gozo y satisfacción.

El horizonte se veía más claro para mí, las dudas sobre mi futuro ya habían cesado pues,

El ser feliz,
era mi nueva PRIORIDAD.

CAPÍTULO 3

EJEMPLOS DE VIDA

Cómo quieres que tus Hijos te recuerden?

Nos fuimos de Luna de miel para Hawái, en un crucero, era lo más fascinante que había vivido, me quedé perpleja con la belleza del mar y el derroche de fantasía; era el lugar perfecto para convertirme en toda una mujer. La ternura y delicadeza de Chris fueron los ingredientes para vivir plenamente esa faceta de mi vida, me di totalmente, me entregué en cuerpo y alma, él supo llevarme a la gloria para contemplar desde allí, lo que significa amar verdaderamente.

Ahora era su esposa, su compañera y aunque en algunos momentos me hallaba un poco rara compartiendo mi lecho con él, me sentía segura y protegida. Chris hacía todo para hacerme sentir especial y lo conseguía, su forma de ser me daba mucha paz. Ese viaje nos unió más y me hizo caer en cuenta que tenía que tomar una decisión; pues el amor, exige ciertos sacrificios, no para lastimarnos o hacernos menos, no. El renunciar a ciertas cosas de tu vida debe ser para ayudarte a crecer y ser mejor, sino, no vale la pena, porque te conviertes en un mártir del "amor" y yo no quería ser eso, no podía botar a la basura todos mis logros; mi sacrificio debía tener un propósito.

Y ese propósito era ser feliz al lado de Chris, por eso, tenía que hacer parte de mi vida todo lo que me llevara a ello. Algo que me fascinaba era que no me sentía presionada a dejarlo todo, en ningún momento impuso sus intereses sobre los míos. Él estaba dispuesto a hacer cualquier sacrificio con tal de estar a mi lado y créanme, tenía mucho más que perder que yo... eso me llenaba de orgullo y valor para decidir lo mismo, pues con sus actos me estaba demostrando que su amor estaba por encima de su desarrollo profesional y esto para mí, era difícil de asimilar.

La pregunta que yo misma me hacía era, si él estaba dispuesto a hacer eso por mí, por qué yo no? Y fue aquí cuando mis intereses personales fueron cediendo un poco para darle paso a ese sentimiento de entrega plena, sin mezquindad, que debe existir entre dos personas que se aman y desean estar juntas para siempre.

No había otra manera de planear un futuro juntos, si no dejaba de lado esa sensación de competitividad, que curiosamente, solo existía en mí. Necesitaba asumir mi nuevo rol con madurez, pues ahora mis luchas, eran "nuestras" luchas.

-Sabes amor, -le dije- tengo que decirte algo que he venido pensando seriamente, lo he analizado y creo que es lo mejor para los dos.

-Dime… -me miró asombrado, interrumpiendo lo que estaba haciendo-

-Voy a quedarme aquí contigo, renunciaré a mi trabajo en México, estudiaré inglés y buscaré alguna alternativa para trabajar y ayudar con los gastos; es algo que me emociona hacer, quiero que lo intentemos.

-Mi amor -me abrazó de la emoción que le dio escucharme decir eso- No es necesario que hagas esto, yo ya estaba buscando un trabajo allá y tengo algunas opciones. Yo sé lo mucho que significa para ti todo lo que has logrado.

-Igual tú, también has logrado muchos éxitos y tienes un excelente trabajo que has conseguido por tus talentos…

-Si quieres, pensémoslo un poco más.

-No hay nada que pensar, eres mi esposo y yo quiero estar contigo… -me besó con el alma-

Decidí dar ese gran paso, estaba convencida que toda mi vida iba a cambiar para bien, valía la pena y no tenía nada que perder, gracias a Dios, contaba con el apoyo de Chris. Al poco tiempo, pude legalizar mi situación en este País, me llegó la Green card -residencia- y pude empezar a estudiar Inglés en un curso avanzado, de algo me había servido las clases que tomé en México.

A los meses, Gabriel, el gran amigo de Chris que trabajaba en las Escuelas Públicas de L.A. me comentó de la posibilidad de aplicar para trabajar como maestra sustituta en una escuela de un vecindario latino, la mayoría de los niños eran hispanos y eran pocos los maestros que hablaban Español; necesitaban con urgencia de alguien que pudiera trabajar con chicos que aún no dominaban el Inglés, esa fue mi oportunidad.

Apliqué y me dieron el trabajo en una primaria, inicialmente con niños pequeños, enseñándoles a leer y escribir; luego me dieron chicos de tercero hasta llegar a convertirme en maestra titular de quinto grado. Para aquel entonces, mi nivel de inglés había mejorado y la relación con los demás maestros era muy buena, me sentía feliz.

Años después…

Chris estaba trabajando tiempo completo para la Universidad y yo estaba fascinada viviendo en los Ángeles, ganaba muy bien y podía ayudar más a mis padres. Mensualmente, les mandaba dinero para que papá ya no trabajara más, en vacaciones los traía o los llevábamos a pasear a diferentes lugares, trataba de recompensarles todo lo que habían hecho por mí.

También inicié un negocio con mis hermanos, el cual se volvió muy próspero, la idea era que no dependieran del campo y tuvieran los recursos suficientes para darles educación universitaria a sus hijos; de algún modo, me había convertido en un modelo a seguir para mis sobrinos. En especial, para mis sobrinas, quería que ellas se superaran y aprendieran a volar como yo lo hice.

Sí, era un ejemplo para ellos, mis padres me habían convertido en un referente de sacrificio y disciplina, un modelo que debían imitar, era la primera en la familia en llegar tan lejos; eso hizo que mis sobrinos me vieran como la tía líder y emprendedora, digna de admirar.

Estaba viviendo una etapa especial en mi vida, me sentía personal y profesionalmente, muy feliz. Mi relación de pareja era madura y estable, y mi trabajo muy satisfactorio, por el contacto que tenía con los chicos y padres. -para esa época ya era maestra de Middle school-

Trabajar con los adultos era lo más arduo para mí porque, a veces, sentía que no tenían las herramientas y actitudes suficientes para saber educar y guiar a sus hijos; sobretodo, en un país como este, donde el trabajar y "ganar dinero" nos aleja de ellos. El problema es que cuando los chicos se distancian de los padres es muy difícil crear el ambiente familiar que éstos necesitan para ser felices.

Lo veía en mis alumnos, jóvenes con muchos lujos pero solos; con papás ausentes, distantes, y no involucrados en su educación porque, el "darles lo que no tuvieron" es para ellos, más importante que tener una familia feliz. Algunos piensan que es más necesario "ganar bien" que "vivir bien"… y me da mucha pena ver esto, porque es, precisamente, en el salón de clases, donde se refleja esta triste realidad.

-Jaime, otra vez llegando tarde -le dije a uno de mis estudiantes, un chico inteligente pero que no muestra ningún interés en aprender-

-Es que me levanté tarde maestra,
-Y por qué?
-Me acosté muy tarde.
-Estabas enfermo?
-No.
-Entonces qué estabas haciendo?
-Jugando con mis videojuegos.
-Y tus papás no te dicen nada?
-No, ellos se acuestan temprano porque madrugan a trabajar y no se dan cuenta; además, si me ven despierto, no me dicen nada.
-A qué hora te dormiste?
-No sé, como a las dos de la madrugada.

No podía creer que un niño de sexto grado se acostara tan tarde y, más aún, que los padres no tuvieran el sentido de responsabilidad para exigir que se fuera a dormir a una hora más adecuada. Ahora entendía el por qué de su desinterés por la escuela, si para los padres el estudio no es algo importante, créanme que para los chicos lo es más, es muy difícil trabajar con un joven así.

Estas fueron mis primeras frustraciones como educadora. Mi trabajo no era difícil por los niños; desafortunadamente, lo que hacía arduo mi labor de docente era la falta de colaboración y apoyo de los padres de familia. Veía como en muchos de ellos, faltaba liderazgo y autoridad y, lo más triste de todo, es que sus hijos no los miraban como los guías o modelos a seguir; para mí, ese era el principal conflicto.

Porque cuando un hijo no ve a su papá o a su mamá como un ejemplo a seguir, nada de lo que ellos quieran enseñar será apreciado como algo importante a considerar. El problema es que a esa edad, los chicos necesitan tener modelos de conducta, líderes que guíen sus pasos; si no lo encuentran en su casa, ellos lo van a buscar afuera, en la calle, con sus amigos y es aquí donde muchos de éstos jóvenes se pierden.

Tristemente, algunos de mis estudiantes, ya hacían drogas, estaban en pandillas y algunas chicas tenían relaciones sexuales a temprana edad, lo que generaba embarazos indeseados en niñas de middle school. La mayoría no iban a la escuela a aprender, venían a pasar el tiempo.

-Maestra he venido a decirle que Jaime no va a venir la próxima semana a la escuela -me lo dijo la señora Ana, su mamá-

-Y por qué, cuál es la razón?

-Es que nos vamos para México a estar con la familia en navidad, es costumbre de nosotros estar juntos para esta época del año.

-Pero Señora Ana aún falta esta semana y la mitad de la otra para salir a vacaciones, va a perder mucho tiempo de escuela. No pueden esperar?

-Lo que pasa es que nos vamos manejando y mi esposo dice que cuando regrese se ponga al día.

-Y cuándo regresan?

-La tercera semana de Enero.

-O sea, que va a perder otros días de estudio, porque empezamos escuela la primera semana…

-Yo le prometo maestra que apenas lleguemos lo pongo a estudiar el doble para que recupere el tiempo que va a perder.

LAS BATALLAS DE... VICTORIA

Con unos papás así, cómo un estudiante va a tener éxito en la escuela? si los mismos padres no le dan ejemplo de responsabilidad a sus hijos, cómo un chico va a entender que el estudio debe ser su prioridad? Por esta razón, muchos jóvenes no ven la escuela como una oportunidad para sus vidas, lo ven como una obligación que tienen que cumplir para que sus papás no se molesten.

Definitivamente, sin el apoyo de los padres nuestra labor de enseñar es muy complicada. No podía creer que un chico faltara tanto tiempo a la escuela y a sus padres les diera lo mismo, como si esto no fuera importante para ellos. Lo curioso de todo, es que éstos mismos papás quieren que sus hijos tengan un mejor futuro para que no vivan la misma vida que les tocó. Sin embargo, acciones como estas, confunden y no permiten que esto sea así. ¡Como si las solas palabras fueran suficientes para educar a un hijo!

Les confieso que esto me frustraba muchísimo más aún, cuando me daba cuenta que no podía hacer nada para cambiarles esa triste mentalidad que traen de complacer a los hijos para que los "quieran"… el punto es educar, no complacer.

Yo no cambio la educación que mis padres me dieron por la forma en que muchos hoy están educando a sus hijos. A mí me enseñaron a ser agradecida y, fue justo en la necesidad que yo aprendí a valorar lo poco que me daban. El ser pobres y vivir con lo mínimo fue lo que me llevó a ver en el estudio la única salida a mi realidad; si no hubiera ido a la escuela, mi vida sería igual.

No veo en muchos chicos de hoy el deseo de superarse y esforzarse por terminar una carrera universitaria; percibo un conformismo social que ha llevado a la nueva generación a buscar en la tecnología su único medio de vida. Tristemente, esto está absorbiendo por completo a niños y adolescentes en un mundo ficticio que los aparta, cada vez más, de la realidad.

Es tan crítica esta situación, que el estudio, la familia y la inter-acción social han pasado a un segundo plano. Los "games" han desplazado el interés por la escuela y el internet ha roto la vida familiar, afectando no sólo las relaciones padres e hijos, sino también la comunicación conyugal que tanto se necesita para poder establecer una comunicación funcional en el hogar.

Empecé a darme cuenta que tratar de cambiar a los padres era casi una tarea imposible, era como nadar en contra de la corriente. Pero tenía que hacer algo por éstos jóvenes, no podía permitir que la falta de motivación por la escuela, las drogas, las pandillas o los embarazos a temprana edad, les dañaran sus vidas, su futuro.

Traté de acercarme a aquellos chicos que yo sabía que podía llegar, que lo necesitaban, que a gritos estaban pidiendo ayuda, los "rescatables", como los llamaba yo. Aquellos que trataban de dar su máximo esfuerzo pero no contaban con el apoyo de sus padres, por ahí tenía que empezar.

-Señora Leticia, soy la maestra Victoria, la estoy llamando porque me gustaría hablar con usted, a cerca de su hija Ariadna. -era la tercera vez que le dejaba mensaje en su teléfono-

Pasó el tiempo y nunca me contestó; incluso, al reporte de calificaciones no llegó, no sabía por qué no venía a la escuela a averiguar por su hija, yo sé que el trabajo es importante, pero los hijos lo son más. De nada sirve tener lujos si no tienes unos padres que se preocupen por ti.

-Ariadna podemos hablar hija? -me le acerqué en la biblioteca, me gusta platicar con los alumnos porque es ahí donde conozco sus realidades-

-Sí, maestra… suena raro que me digas hija.

-Espero que no te molestes, lo hago con aquellos que me inspiran confianza.

-No, no me molesta, lo que pasa es que nadie me habla así, ni siquiera mi mamá…

-De verdad?

-Sí, con ella la relación no es muy buena que digamos, peleamos mucho, ella dice que soy muy rebelde.

-No parece, eres una chica muy amable, me caes bien. De hecho, eres de las chicas más listas de mi clase.

-Mi mamá no piensa eso de mí, dice que no sirvo para nada, que soy una inútil y me dice otras palabrotas que me da pena decirte. Desde que papá nos dejó, mi vida es diferente, siento que ella se desquita conmigo porque hablo con él, ese es el motivo de nuestras peleas.

-Lo siento, no quería incomodarte con estas cosas que me imagino, para ti es difícil.

-No, maestra… al contrario, -empezó a llorar y su mirada se perdió en el silencio- gracias por hablar conmigo, por lo menos le importo a alguien.

-Ariadna, he tratado de hablar con tu mamá pero no me responde, sabes por qué no me contesta?

-Maestra, mi mamá es una adolescente que vive en el cuerpo de una mujer, no ha madurado, para ella lo único que importa es vestir bien, divertirse, vivir la vida que una vez no pudo vivir. Ella me tuvo a los quince años, era una niña; por eso, siento que me ve como si yo hubiese sido la culpable de la vida que le tocó vivir. Dice que soy rebelde, pero en el fondo es ella la que me rechaza, siempre ha sido así. -lloraba aún más-

-Tú quieres repetir la misma historia de tu mamá? Quieres seguir su ejemplo?

-Cuál ejemplo?, si en muchas cosas yo soy más madura que ella. Maestra, yo apenas tengo trece años y mi vida ya es un infierno. -lloraba con más fuerza, tanto que no podía hablar-

-Eres una niña muy madura para la edad que tienes, me dejas sorprendida con todo lo que me dices. Yo sé que eres una chica especial, pero te sientes sola, y la separación de tus padres te está afectando mucho, eso es lo que me tiene preocupada porque has bajado tus calificaciones, y ya no le pones tanto interés al estudio.

-Es verdad maestra, ya no me importa nada, mi mamá los fines de semana se pierde con su novio, porque anda muy "enamorada" y mi papá ya no me llama como antes... me la paso sola en la casa, yo misma cocino y arreglo la ropa de las dos porque, según ella, es mi obligación.

-Con mayor razón, tienes que echarle ganas a la escuela hija, tu vida va a ser igual si no estudias; es más, convierte los libros en tu escape, cuando estés triste ponte a leer, esto me ayudó mucho a superar los conflictos que tuve a tu edad.

-De verdad?

-Sí, no estás sola, me tienes a mi... sabes, lo mismo que te está pasando yo lo viví y, gracias a una maestra, mi vida cambió.

-Gracias maestra por escucharme.

-Ariadna, prométeme que no te vas a dejar hundir en tus problemas y que vas hacer lo posible por mejorar la relación con tu mamá. Como bien lo dijiste, ella tuvo que asumir una responsabilidad para la que no estaba preparada, tú lo entiendes y me alegra mucho que así lo veas.

-Maestra pero...

-Nada de peros, simplemente, dime si deseas poner de tu parte para que las cosas mejoren, es lo único que quiero saber de ti.

-Está bien, pero me gustaría que hablara con ella a lo mejor, a ti sí te escuche.

-He tratado pero no he podido contactarla... hija, en este país hay muchas oportunidades para ir a la universidad, quiero que te enfoques en eso, con tu esfuerzo puedes lograr que te ganes una beca completa, todo va a depender de ti. Deseo que seas una profesional, eres linda e inteligente y sé muy bien que lo puedes lograr, sólo tienes que hacer un gran esfuerzo y eso va a depender de ti. Comprendes lo que te digo?

-Sí, maestra.

-Demuéstrame de qué estás hecha… sube las calificaciones que tienes bajas y vas a entrar en algún programa después de clases, hay muchos.

-Me gusta el basketball; de hecho, estaba en el equipo de la escuela pero no volví.

-Así es, y me han dicho que eres muy buena, por qué no volviste?

-Por flojera, es que maestra, ni yo sé qué quiero, es que me desanimo con facilidad, como si nada me motivara.

-Pero mija, es precisamente, por eso, porque no te sientes valorada por tu mamá, pero tienes que empezar a valorarte a ti misma; si tú no crees en ti, no te amas y valoras lo que eres, vas a estar mendigando atención y amor, hoy con tu madre, y mañana con algún chico.

-Es cierto, ya me pasó.

-Te agarraste del pelo con Johana por un baboso que no vale la pena, tú sabes que ese chico es un pandillero, eso es lo que quieres para tu vida?

-No, maestra que pena, es lo más vergonzoso que he hecho en mi vida, fui muy tonta…

-La baja autoestima, los problemas familiares, la soledad y la presión de los amigos pueden llevarte a tomar malas decisiones para sentirte aceptada por ellos, eso es lo que me preocupa.

-Me conoces muy bien...

-Con todo lo que estás viviendo, fácilmente te pueden manipular para hacer drogas, meterte en una pandilla o tener relaciones sexuales y todo esto va a traer consecuencias negativas a tu vida. No es mentira lo que te digo, en la escuela hay muchos chicos que ya están en éstos rollos.

-Así es.

Estaba impresionada por la forma tan fácil en que la joven se había abierto conmigo, como si estuviera esperándome para platicar; al comienzo creí que iba a ser difícil, pues los chicos no se prestan para hablar de sus problemas personales y menos con sus maestros. Pero era tan grande la necesidad de sentirse escuchada que lo permitió, fue ahí que me pude conectar con ella.

Otro aspecto importantísimo que determinó la manera como la chica facilitó la conversación fueron mis argumentos, todo lo que le decía era verdad para ella; no la estaba juzgando, ni quería que se sintiera avergonzada por sus acciones. Mi forma de hablarle le estaba dando la confianza necesaria para que entendiera que me importaba su vida, su futuro y eso fue clave para que ella se sintiera cercana a mí.

Tenemos que argumentarles a los hijos, no gritarles ni discutir con ellos; la idea es llevarlos a que razonen y visualicen las consecuencias de sus actos, a través de preguntas o ejemplos de la vida. Esto funciona muy bien a esta edad, y es lo que va a permitir que tu mensaje les llegue, tal como me sucedió con esta joven que, para algunos, ya era un "problema" en la escuela.

-Ariadna, si tú me lo permites, voy a ser tu mamá aquí en la escuela, voy a estar pendiente de ti, de tus grados, si llegas temprano o no, si haces las tareas, y todos los días te vas a reportar conmigo para mirar tus avances, estás de acuerdo?

-De acuerdo. -aunque me respondió sorprendida-

Decidí adoptar "emocionalmente" a esta chica, quise ser su coach, su modelo, porque justo de esto era lo que carecía. No era una niña rebelde o difícil como muchos me lo decían, simplemente, no tenía una guía que la dirigiera hacia una mejor vida. Sólo conocía el rechazo y la falta de amor, eso era suficiente para querer llamar la atención.

Una sola conversación fue más que suficiente para empezar a generar cambios en su conducta, todos los días me buscaba y me platicaba de sus rutinas en la casa, de las tareas y cuando no entendía lo que debía hacer, encontraba en mí el apoyo y consejo para hacerlo. Su rendimiento en la escuela empezó a verse, los maestros estaban asombrados de su motivación y participación en las clases.

Le exigí que leyera, ella debía ir a la biblioteca y escoger el libro de su interés, a la semana tenía que entregarme un informe por escrito de lo leído, esto le ayudó enormemente a crear el hábito de leer, importantísimo para los chicos que desean triunfar en la escuela. Pero lo que más llamaba mi atención es que lo hacía con agrado, veía su interés cuando revisaba sus escritos.

No hay la menor duda que a esta edad lo que los chicos necesitan es orientación, alguien que los guíe y motive hacer las cosas diferente. Cuando ellos encuentran ese mentor, su vida se hace más fácil porque van a luchar por una meta; esa es la idea que tenemos que infundir en ellos, llevarlos a que tengan una vida con propósito.

Mi plan estaba funcionando muy bien, cada día veía como esta joven mejoraba su actitud, la motivé para que retomara el deporte, sabía muy bien que esto le podía ayudar en el futuro a ganar una beca deportiva. Tenemos que visualizar lo que queremos ver en ellos, es parte importante de sus expectativas.

Regresó al equipo de basketball de la escuela, le pedí al coach que la aceptara y le exigiera mucho más. El involucrarse en el deporte, facilitó que recuperara su autoestima porque muy pronto se convirtió en la líder del grupo, gracias a su gran talento para esta disciplina. Las otras chicas la admiraban y se hizo popular en toda la middle school, lo que permitió que su seguridad personal se fortaleciera. Siempre he pensado que el deporte es la mejor terapia para cualquier joven.

Un año después…

Si Ariadna llegaba a la High School con todo lo que había logrado: motivación, compromiso, buen comportamiento, excelentes calificaciones, siendo una gran deportista, con alta autoestima y el hábito de leer… Estaba completamente segura que con todas esas cualidades, llegaría derechito al éxito, sólo tenía que asegurarme que así fuera.

-Hola jovencita, tiempo sin vernos.

-Sí, maestra; éstos días han sido muy ocupados, estamos participando en el torneo de escuelas en San Diego y nos ha ido muy bien, somos uno de los mejores equipos de la región.

-Eso supe y me alegro mucho por ti, me siento muy orgullosa de tus logros, eres una chica muy talentosa.

-Gracias a ti maestra que creíste en mí, llegaste a mi vida cuando más te necesitaba.

-Te has demostrado a ti misma que tienes mucho que dar, pero hay algo que me tiene preocupada.

-Preocupada?, por qué?

-Hija, ya estás terminando octavo grado y pronto vas a cambiar de escuela, no voy a poder estar tan pendiente de ti como hasta ahora lo he hecho y no quiero que retrocedas porque no haya nadie que te esté empujando a dar tu mejor esfuerzo, me comprendes?... has logrado mucho, más de lo que nos imaginábamos.

-Así es maestra, pero no, te prometo que todo lo que me has enseñado lo voy a seguir haciendo, tengo que estudiar y sólo depende de mí hacerlo.

-Ariadna, el que tengas una familia disfuncional, vivas en un barrio donde hay pandillas y drogas o estudies en una escuela pobre; nada de eso, es excusa para que no te superes. Métete en la cabeza que el estudio tiene que ser tu prioridad en esta etapa de tu vida.

-Absolutamente. Eres mi ejemplo e inspiración, maestra Victoria, yo quiero ser como tú, me has enseñado a ser responsable de mi misma y esto te lo voy a agradecer toda la vida. En éstos días pensaba en eso, si tú no me hubieras hablado como lo hiciste, quizás hubiese tomado otras decisiones; gracias por ponerte en mi camino.

LAS BATALLAS DE… VICTORIA

-Gracias a ti por permitirme ser tu "mamá", -nos abrazamos fuerte y juntas lloramos- siempre he pensado que el ser maestro no es sólo enseñar unas lecciones para que ustedes aprendan; el trabajo más bonito de esta profesión es poder transformar vidas y eso lo pude hacer contigo porque te dejaste guiar. -estaba muy emotiva, mi garganta se cerró y no pude hablar más-

-Maestra, como "mamá" eres muy exigente, jajaja -reímos- pero eso fue lo que me gustó, porque comprendí que lo hacías porque me querías y deseabas lo mejor para mí. Quizás eso es lo que le reprocho a mi mamá, ella no se involucra en mi vida lo suficiente para hacerme sentir que le importo -lloró con mucho sentimiento-

-Prométeme que vas a llegar a High School con todas las ganas de ser la mejor y este esfuerzo que estás haciendo aquí lo vas a triplicar; si logras hacer esto, te vas a ganar una beca completa y tu mamá no va a tener que pagar ni un solo peso, eso le sucedió a Chris, mi esposo, por ser buen estudiante calificó para una beca y de varias universidades le llegaron cartas de aceptación, eso es lo que deseo ver en ti hija.

-Y así va a ser maestra, te lo prometo. No te voy a defraudar, además, todo esto es por mi bien; ya hiciste lo que pudiste, ahora me toca a mí.

-Aprovecha las ventajas de vivir en este país, hay muchas oportunidades para ti, pero tienes que prepararte, yo sé que lo vas a lograr mija.

Nunca olvidaré esa conversación, quizás por la emoción tan grande de ver en lo que esta chica traviesa se había convertido o porque fue el culmen de un proceso que viví con ella. El ver a los alumnos progresar es una satisfacción muy grande que ningún cheque puede recompensar, sobretodo, con Ariadna, porque de verdad, quise asumir el papel de la mamá que no tenía; bueno, sí tenía, pero no estaba presente para satisfacer sus necesidades afectivas y emocionales.

Hice con ella lo que la maestra Esperanza había hecho conmigo, convertirme en su modelo, en aquel ejemplo de vida que una adolescente sola y confundida necesitaba para poder hallar su misión en la tierra; por eso, quise asumir esta noble tarea de guiar a esta joven para que, por ella misma, descubriera todo su potencial.

Me di a la tarea de ser "rescatista" de aquellos chicos que podían hacer la diferencia; sentí que lograba hacer más, de este modo, que tratando de convencer a los padres para que hicieran bien su trabajo. Es muy frustrante ver la falta de interés de muchos papás por la vida de sus hijos.

Sin embargo, tengo que aclarar que no todos tienen esa actitud, en la escuela uno encuentra todo tipo de padres: los sobreprotectores, los indiferentes, los ausentes, los conflictivos, los jueces, que solo vienen a la escuela a ver lo malo pero no reconocen lo bueno. También están los comprometidos que se involucran y participan en las actividades de sus hijos, por lo general, son pocos, pero los hay... de setecientos estudiantes que tiene la middle school, veinte padres, o sea el 2.8 por ciento, son los que nos apoyan todos los días y siempre son los mismos cada año.

Quisiera ver a mas padres involucrados en la escuela pero por razones de trabajo o falta de voluntad no hemos logrado que la asistencia sea mayor, esto limita nuestro trabajo porque se nota la ausencia de reglas en muchos de éstos chicos, y si un joven no tiene dirección, hay problemas.

-Maestra Victoria, me podría dar unos minutos, quisiera hablar con usted, -me dijo la señora Rita, mamá de Esteban, un chico de octavo grado-

-Por supuesto que sí, -la noté muy angustiada y supuse que era algo delicado, así que busqué un lugar apropiado para hacerlo- Sí, señora, dime en qué le puedo ayudar?

-Maestra, usted es la única que me pueda ayudar y sé que así va a ser -se puso a llorar-

-Tranquila, haré todo lo posible para apoyarla, pero dime exactamente qué es lo que está pasando para yo saber cómo colaborarle.

-Es que mi hijo ha cambiado mucho, ya no es el mismo de antes, se volvió rebelde y majadero, a veces, se me enfrenta porque quiere salir en la noche a la calle y se molesta si no lo dejo salir.

-Ya entiendo…

-Pero lo que más me preocupa -lloró más fuerte- es que le encontré una bolsita de marihuana en una chamarra que le estaba lavando, me da miedo que agarre el vicio de las drogas.

-Y desde cuándo está sucediendo esto?

-Hace como unos dos meses atrás pero se ha hecho más fuerte últimamente, creo que se junta con un amigo que le está ofreciendo estas cosas; por favor, maestra ayúdeme -me dijo llorando con desespero-

-Y su esposo qué dice de todo esto?

-Él dice que es normal, que es la edad, que todos los chicos pasan por esa etapa de rebeldía, habla como si no le importara su hijo -lloraba más-. La verdad maestra es que yo no le he dicho lo de la marihuana, me da miedo que lo agarre a golpes, él es muy violento y no se sabe controlar, prefiero no decirle nada.

-Yo también he notado un gran cambio en su actitud, la semana pasada le respondió muy mal al maestro de arte, y esto no era usual en él. De hecho, yo tuve a su hijo Esteban el año pasado y fue uno de mis mejores alumnos.

-Maestra, no sé qué hacer, no quiero que este muchacho se meta en problemas, me da miedo con tanto pandillero que hay en el barrio.

-A qué hora se acuesta él?

-Ese es otro problema maestra, se la pasa a toda hora jugando con sus amigos, por eso es que se duerme tarde.

-Pues le va tocar quitarle el videojuego señora Rita; además, por qué permite que sus amigos se queden hasta tarde? debe ponerle un horario fijo para dormir y prohibirle que entre semana lleve amigos a la casa.

-Ya lo he intentado pero se enoja…

-No importa que se enoje, tiene que hacerlo, por eso es que el chico se está poniendo así, porque son muy flexibles y dóciles con él, le faltan reglas firmes. Señora Rita, nosotros los maestros no lo podemos hacer todo, ustedes son los que deben gobernar en la casa, no los hijos.

-Es que no sé… -se puso a llorar, me dio mucha pena por ella porque me di cuenta que no tenía el poder y la autoridad para corregir al chico, sentía impotencia y por eso, el joven se estaba saliendo de control- Ayúdeme por favor -lloraba aún más fuerte, me puse en su lugar, no lo pude evitar-

-No se preocupe, voy a tratar de hablar con él, aunque no le prometo nada, a veces, es difícil que ellos nos escuchen pero buscaré la forma de hacerle entender que su actitud no es la correcta.

-Le agradezco mucho, yo sé que si usted le habla va a comprender las cosas, es que yo no tengo la educación para hacerlo…

-Solo le voy a pedir que no le diga que habló conmigo para que no se ponga a la defensiva el día que hable con él. Está bien?

-Sí, maestra, muchas gracias por su ayuda.

Esteban era un chico tranquilo, al comienzo del año escolar era un estudiante muy destacado, pero, poco a poco, se fue dejando influenciar por un joven que estaba involucrado en las pandillas, su padre estaba en la cárcel y su hermano mayor vendía drogas en las calles. Obviamente, esta información no se la podía dar a Rita; ella no sabía que su hijo era muy fácil de manipular porque deseaba popularidad, esto lo hacía frágil ante los demás. Estas son las cosas que los maestros vemos pero los padres, no.

Decidí ayudarle, no tanto por ella, sino por el chico; a esta edad un adolescente necesita guía, disciplina y un modelo de autoridad que dirija sus pasos hacia el éxito. Era obvio que sus padres no eran esas figuras de firmeza y poder que son importantes para crear límites y parámetros de conducta; en últimas, este era el problema.

Si un chico llega a la adolescencia sin límites, se lo van a tragar vivo, porque son éstos los que van a orientar sus decisiones, le van a permitir discernir hasta dónde puede llegar y hasta dónde no. De igual forma, le ayudará a determinar hasta dónde va a permitir que los demás lleguen con él; por eso, es tan importante tener límites claros y firmes en la vida.

Imagínense un joven con un papá distante de su vida y una mamá sumisa, sin reglas firmes en casa y sin límites, con necesidad de aprobación de los demás y un deseo enorme de ser popular.. Que tiene al lado un chico de su misma edad que goza de ciertos lujos y es agradable a las chicas porque tiene dinero, y que lo está invitando a hacer lo mismo que él hace; es casi imposible que este lo ignore y no quiera seguir sus pasos.

Desafortunadamente, esta es la realidad de la mayoría de mis estudiantes y, es triste, porque en muchos casos, no podemos hacer nada. La vida de los chicos fuera de la escuela debería ser una prioridad para los padres, precisamente, por lo que acabo de describir. Ojalá algún día los papás se den cuenta que ser padres no es sólo proveer comida, ropa, vivienda, etc. También es darles amor, seguridad, carácter y valores para que el día de mañana se sepan defender de los peligros y las malas amistades.

-Jóvenes, hagan silencio, por favor, -les dije a mis estudiantes de octavo grado- Últimamente he recibido quejas de varios maestros del ruido que hacen en clase, algunos de ustedes no ponen atención a sus explicaciones, así que he decidido cambiar de sillas…

-Pero no es justo maestra, así estamos bien -dijo Lupita, la más contestona de todos-

-No voy a discutir esto, ya lo decidí porque yo también lo he visto. Juanita, cámbiate con Luisa.

-Pero maestra…

-José cambia de puesto con Rodrigo, Esteban tú eres de los que más hablas en clase, te vas hacer en la silla de adelante, la que está al lado de mi escritorio.

-Maestra, por qué a mí? -protestó-

-Por favor hijo, hazlo -y sin ningún problema lo hizo; los chicos saben a quién respetan y a quién no, ellos nos miden, tratan de ponerse difíciles para ver si nosotros cedemos a sus caprichos, si lo hacemos, perdemos autoridad y ellos tomarán el control. Con los adolescentes es una lucha de poder: o somos los adultos los que les ponemos las condiciones o son ellos los que nos las ponen a nosotros, tú decides en dónde quieres estar-.

Esta idea de cambiarlos de sillas, era solo una estrategia que me había inventado para sacar al chico de esa relación tóxica que tenía con Pedro, quien evidentemente, era una mala influencia para él. Sabía con claridad a dónde lo estaba llevando, tenía la certeza del poder y la presión que este ejercía sobre el indefenso Esteban.

-Esteban, de hoy en adelante tú serás el líder de mi clase, -el chico me miró asombrado- todos los días llevarás a Main Office la lista de asistencia, y antes de la clase, entregarás los libros a todos.

-Pero maestra yo no quiero.

-Colabórame con esto, por favor, eres un joven responsable y necesito que alguien me ayude, a veces, se me hace difícil estar pendiente de esto.

-Está bien.

Le estaba dando lo que necesitaba: atención, popularidad y un poco de reconocimiento, sabía que esto me iba a facilitar el poder acercarme a este niño desprotegido que necesitaba que lo rescatara de las garras de Pedro.

-Esteban hijo, me puedes hacer el gran favor de ayudarme a pasar estas cajas para atrás? -se lo dije cuando todos los chicos salían para el gym-

-Maestra, por qué me escogió a mi como líder y no a Linda que es la más inteligente del grupo?

-Y tú no lo eres? Eres más inteligente que ella, pero no se lo diga para no hacerla sentir mal, ok?

-Ok, jajajaja. De veras, eso piensa de mí?

-Sí, lo eres, lo que pasa es que no le echas las ganas que debería, pero si te propusieras ser el mejor, ufff hijo, nadie te igualaría -se quedó muy sorprendido con lo que le dije, lo vi en sus ojos-

-Nunca me imaginé que usted me dijera esto.

-Y no lo digo solamente yo, otros maestros dicen lo mismo, que te faltan ganas, la inteligencia ya la tienes. Esteban, tú eres un buen chico, lo que no entiendo es por qué, a veces, le contestas mal a los maestros,

-No sé maestra, es que me sacan de onda…

-Entonces por qué conmigo no te molestas? si yo en algunos momentos te he hablado fuerte.

-Porque a usted sí la respeto.

-Jajaja, o sea, que no respetas a todos por igual, que interesante saber eso. Hijo, debes respetar a todas las personas, esto te va a evitar muchos problemas en la vida.

-Sí, maestra, tiene razón.

LAS BATALLAS DE... VICTORIA

-Tú respetas a tus padres? -se quedó en silencio-

-La verdad, no… a veces, le contesto recio a mi mamá, no le obedezco y con mi papá la relación no es buena, casi no hablamos.

-Mijo, a tu edad es difícil entender a los padres, a mí me sucedía lo mismo, uno cree que sus reglas son tontas pero, en últimas, son para protegernos de las malas decisiones.

-Es cierto -me lo dijo con la cabeza agachada-

-Pero bueno hijo, ya tendremos más tiempo para conocernos. Gracias por aceptar el ser líder…

-No me dio opción maestra,

-Jajajaja, tienes razón pero eso significa que eres un chico noble, si hubieses sido otro, quizás me hubieras enfrentado o faltado al respeto.

-Gracias maestra por todo lo que me dice.

-Es cierto, eso es lo que pienso de ti, -me fijé que el joven estaba buscando alguien que lo hiciera sentir importante, un amigo con quien poder hablar, que lo comprendiera y aceptara como era.

Me di cuenta que el muchacho buscaba en mí esa protección y seguridad que suelen buscar en los padres; sentía su cercanía y confianza, esto para mi es primordial para generar en ellos, un cambio de conducta. Estaba preparada para dar otro paso y así asegurar que podía influir en su vida de una manera más profunda, sin que él mismo lo percibiera.

-Esteban hijo, te quiero pedir un favor, te puedes quedar mañana después de escuela para que me ayudes adornar el salón para Halloween?

-Tendría que pedirle permiso a mi mamá.

-Habla con ella, de todos modos, le voy a llamar para decirle. También le pedí el favor a Lupita -yo sé que a él le gusta esa chica- a Felipe y Carlos -chicos muy sanos e inteligentes que serían buenas influencias para él-

-Está bien maestra.

-Te agradezco mucho, si tienes algo en casa que nos pueda servir o si alguno de tus amigos nos pudiera ayudar con adornos, sería genial. Quiero que sea creatividad de ustedes.

Al día siguiente, los muchachos se quedaron en la tarde ayudándome a arreglar el salón, me gustó mucho como interactuaron entre ellos; eso era lo que yo pretendía, buscarle otros amigos a Esteban, para que así, se desligara de esas falsas amistades que no le estaban haciendo ningún bien. Por eso, escogí a éstos jóvenes que eran los sobresalientes de mi clase. Sí, tenía que rodearlo de los mejores para que su mentalidad empezara a cambiar.

Al terminar, me quedé con él, indagando cómo se había sentido con sus nuevos amigos, estaba entrando, poco a poco, en su vida para poderla transformar, ese era mi deseo.

-Esteban, te puedo decir algo pero me prometes que no le dices a nadie?

-Sí, dígame.

-Te acuerdas del día que los cambié de asientos en el salón y a ti te puse al lado mío?

-Sí, me acuerdo, por qué?

-Sabes realmente por qué lo hice?

-Porque hablábamos mucho en clase…

-Bueno, eso fue lo que les dije, pero la verdad no fue por eso.

-Ah no, entonces por qué?

-Promete que vas a guardar el secreto, me puedo meter en problemas, es un poco delicado lo que te voy a decir.

-Sí, no hay problema.

-Esteban tú y yo sabemos muy bien en lo que anda Pedro, este chico es un pandillero y hace drogas y, estoy completamente segura que él te estaba involucrando en sus rollos. Yo veía cómo te influenciaba, hacías lo que él te decía; de hecho, empezaste a cambiar para mal, desde que frecuentaste su amistad, lo que pasa es que no podía decir nada porque no era adecuado. Pero ahora que hay confianza entre los dos te lo puedo decir abiertamente.

-Sí, maestra es verdad, no se lo voy a negar, una vez me ofreció marihuana y yo la recibí. Me decía que podía ganar mucho dinero vendiéndola.

-Hijo, desde que te cambié de silla he notado que ya casi no hablas con él y eso me alegra mucho.

-Me he dado cuenta que me puedo meter en problemas si sigo con su amistad.

-Su padre está en la cárcel por vender drogas en las calles y su hermano mayor es el líder de una pandilla del barrio, este chico tiene muchos problemas y él no quiere estar solo ahí, entiendes lo que te quiero decir? A él no le importa tu vida, solo quiere arrastrarte para que te conviertas en uno de los "suyos".

-Así es.

-Me daría mucha tristeza verte en una pandilla, como muchos estudiantes que han pasado por esta escuela. Sabes, en esas sillas que hoy ustedes ocupan se han sentado jóvenes como tú que hoy están en la cárcel, en el cementerio o en las calles y sabes por qué… porque una vez se dejaron influenciar por chicos como Pedro. Lo más triste, es que ni los padres ni los maestros pudimos hacer algo para evitarlo. Créame que a veces, me siento culpable por esta situación.

Por eso, traté de hacer la diferencia contigo, para que no seas un número más de los chicos del barrio que terminan desperdiciando su vida.

-Se lo agradezco mucho maestra.

-Mi sueño es verte el día de mañana convertido en un brillante profesional, que esté en mi casa viendo la televisión cuando salgas tú siendo el presentador de las noticias y que le pueda decir a mi esposo e hijos…-Wow, es Esteban, ese joven fue estudiante mío. Me sentiría muy orgullosa si te viera en un futuro, siendo una persona útil a la sociedad. Yo creo que todos los maestros soñamos con ver triunfar a nuestros alumnos.

-Cree que lo puedo hacer?

-Por supuesto que sí, es cuestión de que te enfoques más en tus estudios, que leas más y no faltes a la escuela; rodéate de buenas amistades, y aléjate de éstos chicos que te pueden meter en problemas. Yo estoy segura que si te esfuerzas un poco más, vas a lograr mejores resultados, soy testigo de tu potencial, de lo inteligente que eres, sólo que tienes que hacer algunos cambios.

La pregunta es, lo quieres hacer? porque sin voluntad ningún esfuerzo va a prosperar.

-Sí, lo quiero hacer maestra.

Después de este momento, nuestra relación maestra-estudiante se fortaleció aún más, pues la confianza y el respeto de Esteban hacia mí, se afianzó, lo que facilitó que el chico me viera como su guía. Lo primero que hice fue retarlo, a los chicos inteligentes hay que retarlos a dar lo mejor de sí mismos, esto funciona muy bien con ellos.

Lo reté a que formara un club de lectura con los chicos de octavo grado, lo asesoré y le daba las instrucciones de cómo hacerlo; al comienzo fue frustrante por la poca respuesta, pero poco a poco, empezaron a llegar los interesados, entre ellas Lupita, Alicia, Carlos y otros chicos de buen rendimiento escolar, esto lo motivó bastante.

Me impresionó su liderazgo, le salían ideas de cómo llevar el grupo, su papá trabajaba en una panadería y habló con él para conseguir galletas, pan y refrescos para compartir durante la sesión.

Al poco tiempo, el club creció, convirtiéndose en una reunión de amigos intelectuales. No podía creer el cambio tan profundo que este joven había dado a su vida; de ser un chico majadero e irresponsable a ser un líder y creador de un club de aficionados por la lectura y el conocimiento.

Su mamá estaba feliz y algunas veces, venía a la escuela para hablarme de sus logros y de la motivación que tenía por la escuela. Esteban se convirtió en un lector apasionado, se le ocurrió la idea de hacer actividades con el fin de recoger fondos para comprar libros en español, quería crear la biblioteca del club. Con la ayuda de todos lograron hacer rifas, garage sales, car wash, etc. Los chicos estaban motivados, se sentían útiles y valiosos, habían construido un lazo muy fuerte de amistad entorno al hábito de leer.

Es increíble todos los talentos que los jóvenes pueden tener y que sólo salen a flote cuando se sienten motivados a hacer lo que les gusta, pero para que ellos lleguen a ese punto, tiene que haber alguien que los impulse a hacerlo. Ese es nuestro deber como padres o maestros, guiarlos para que ellos den lo mejor de sí.

Siempre vivirá en mi mente esta experiencia con Esteban, anécdotas como estas son las que le dan sentido a mi quehacer de maestra. Estoy convencida que nuestra labor de educar no se limita solamente, a escribir cierta información en una pizarra, tiene que ir más allá de un salón de clase, para poder inspirarlos y ayudarles a forjar las metas e ideales, que van a guiar el destino de sus vidas.

Un maestro debe ser un inspirador, más que eso, un conquistador, alguien que detecte todas las potencialidades que hay en sus estudiantes, los haga conscientes de esto para empoderarlos y hacer de ellos, los futuros artistas, intelectuales y líderes que transformarán el mundo.

Pero mi labor de motivar no sólo era con los alumnos, también lo tuve que hacer con algunos compañeros que ya se habían dado por vencidos en esta difícil tarea de educar a chicos insolentes y malcriados que no tienen ningún respeto para con nosotros. Afortunadamente, no son muchos, pero unos pocos son más que suficientes para hacer de nuestra labor, un infierno del que muchos quieren salir a como de lugar.

-Usted no tiene por qué meterse en lo que no le importa, yo educo a mi hijo como se me de la gana, yo soy su papá y no voy a permitir que una "pinche" maestra me diga lo que tengo que hacer.

-Pero señor entienda, es su hijo...

Estas fueron las palabras que un padre muy molesto le dijo a Lucy, mi gran amiga y excelente maestra que trata de dar lo mejor de sí para que sus estudiantes tengan un futuro mejor.

-Ya no aguanto más Vicky, educar a chicos con padres como éstos es imposible, viste cómo me habló? Con qué respeto me va ver su hijo, con semejante patán que tiene de padre? -empezó a llorar de frustración-

-No te preocupes Lucy, tú sabes que muchos de éstos padres no tienen habilidades, se sienten frustrados y no saben cómo expresar sus...

-Pero debería respetarme, yo estoy tratando de hacer lo mejor para que su hijo sea una buena persona y mira cómo me trató, es increíble.

LAS BATALLAS DE... VICTORIA

-Te entiendo, a mi también me ha sucedido lo mismo, pero no te dejes afectar por lo que pasó, tú sigues siendo esa gran maestra que eres, no desfallezcas, no todos los padres son así.

-Me siento mal amiga -me abrazó y lloró con coraje- te juro que me dio ganas de insultarlo...

-Ni se te ocurra, no puedes perder el control, tú sabes que estás haciendo lo correcto, nuestra labor es educar y si a ese señor no le importa la educación de su hijo, pues ni modo...

-Gracias Victoria, por escucharme. La verdad me sentí impotente al ver este tipo tan agresivo, no puedo entender que un padre se enoje porque le exijo a su hijo que sea responsable. Todos los días se duerme en clase porque se acuesta a la madrugada, no entrega tareas y no le importa en absoluto... llamo a sus padres para que me ayuden a controlar esto y en vez de tener apoyo de su parte, se molesta porque les dije que ellos deberían ser más firmes y no contradecirse el uno al otro delante del chico.

-Y la mamá qué dijo?

-Nada, callada como una estatua y lo que más me enerva, es que siempre viene con una actitud de víctima a decirme que su hijo no la respeta, pero ya entendí por qué, con ese papá que tiene.

-Me imagino que le tiene miedo al marido, por eso no dice nada; si ese señor no tuvo respeto por ti, cómo será en su casa? pobre chico…

-Sí, en últimas me da pena por él, porque ese patrón de conducta que ve en su padre lo está repitiendo con su madre y el día de mañana cuando se case, lo va a seguir haciendo con su esposa e hijos, y así repetirá la cadena.

-Amiga mía, no te desanimes porque bien sabes que cuando decidimos ser maestras sabíamos, que una de las tareas más difíciles de nuestra profesión era involucrar a los padres en la educación de sus hijos. Y la razón es porque muchos de ellos todavía creen que es obligación de la escuela y los maestros educar a sus hijos. No saben que la verdadera formación es la que se aprende en casa, con su ejemplo. Pues sus enseñanzas se convertirán en los valores que los guiarán y orientarán en el futuro.

-Así es, ellos son sus guías y modelos; nosotros sólo reforzamos lo que aprenden en su casa.

Por eso Lucy,
da lo mejor de ti, aunque nadie te lo reconozca.
Nuestra labor es sembrar, tirar las semillas,
para que algún día, crezcan y den fruto.

CAPÍTULO 4

VISIÓN Y PRÓPOSITO

En dónde quieres ver a tus Hijos?

Años más tarde…

Chris y yo vivíamos una etapa maravillosa en nuestras vidas, los dos nos sentíamos realizados, teníamos el trabajo que nos hacía plenos, pero sin duda alguna, algo nos faltaba… hasta que la vida me dio el regalo más bello que le puede dar a una mujer, mis dos hermosas hijas. Tuvimos mellizas, no nos lo esperábamos, pero fue el día más feliz de mi existir; nunca olvidaré la cara de inmensa alegría cuando Chris recibió las niñas en sus manos, irradiaba mucha felicidad, no podía ni siquiera hablar de la emoción, juntos lloramos de profunda alegría.

Esta experiencia de ser madre me cambió la forma de pensar y enriqueció profundamente mi profesión de maestra, pues ya sabía en carne propia lo que implicaba ser mamá y los retos que esto traía. Ahora en mis manos estaba el moldear y dirigir la vida de éstos pequeños seres que dependían totalmente, de lo que nosotros sus padres creyéramos que era lo más correcto para su bienestar. ¡Qué responsabilidad tan grande hacer de estas creaturas, seres independientes, exitosas y útiles a la sociedad!

Afortunadamente, Chris y yo compartíamos la misma forma de pensar, visualizábamos el futuro de nuestras hijas y éramos conscientes, que en gran parte, iba a depender de nosotros, de cómo las educáramos y les enseñáramos a vivir. Nos propusimos formarlas con valores, fomentarles el ser responsables desde chicas, ponerles limites e infundirles el amor por el estudio y la escuela; los dos nos pusimos como meta no contradecirnos delante de ellas y establecer reglas firmes en la casa para que crecieran con orden y disciplina.

A medida que crecían los retos aumentaban, pero esa es la ventaja cuando a los hijos, desde pequeños, se les establecen sus parámetros de conducta. La clave de todo es la comunicación en pareja, eso fue lo que nos facilitó el que las niñas entendieran pronto lo que nosotros esperábamos de ellas, esto se llaman expectativas. Cuando los chicos saben lo que los padres esperamos de ellos, su conducta se hace más rápida porque a esa edad, ellos quieren agradarnos. Por eso, es un error esperar a que crezcan para ponerles límites, ya que no desarrollarían a tiempo, la capacidad de ser autosuficientes y responsables.

Queríamos que ellas fueran niñas estudiosas, por esa razón, desde pequeñas les leemos y las acostumbramos a que la lectura no falte en casa, las llevamos a la biblioteca para que escojan sus libros y en las tardes hacemos "cuentos" en familia, es una regla no negociable y, para ellas no es ningún conflicto hacerlo; al contrario, lo disfrutan porque los niños aprenden lo que los adultos les enseñemos. Tristemente, en muchos hogares los chicos no leen porque los padres no inculcan este hábito a temprana edad.

Otra meta que nos propusimos era tener a las nenas involucradas en alguna actividad después de escuela: deporte, arte, música, etc. Sabíamos que esto les iba a traer grandes beneficios en su desarrollo físico y mental; no era por el simple hecho de tenerlas ocupadas. El objetivo era ayudarles a desarrollar otras destrezas: sentido de responsabilidad y compromiso, como también ampliar su círculo social, importante a esta edad porque es a través del socializar donde los niños aprenden a equilibrar sus emociones, y esto les da madurez y auto-control, necesarias para tener relaciones positivas en el futuro.

Si los padres entendiéramos la importancia que tiene para los hijos el involucrarlos en estas actividades no permitiríamos que pasaran tanto tiempo en los videojuegos o en el teléfono. Hay tantas cosas que ellos pueden hacer, pero si nosotros no forzamos un poco para que lo hagan; simplemente, ellos no harán nada. Debemos ser los adultos los que lideremos estas iniciativas.

-Maestra esta muchacha es una floja, no sirve para nada -me decía la mamá de Iris una de mis alumnas de séptimo grado-

-No, señora… su hija es una niña inteligente.

-Inteligente? Es una burra que sólo sirve para estar en el teléfono a toda hora.

-No es ese el concepto que yo tengo de ella.

-Porque no la conoce, es una inútil -la chica permanecía en silencio, cabiz baja-

-Señora, sólo he escuchado cosas negativas de su hija, pero no me ha dicho nada positivo, y yo me imagino que ella debe tener cosas bonitas, dígame una cualidad de Iris -se quedó callada-

-Bueno, si... es inteligente, pero cuando le da la gana porque últimamente sus calificaciones han bajado -su tono de voz se volvió a subir-

-Señora, sólo cosas positivas, nada negativo, -vi que la chica se le salían unas lágrimas y callada limpiaba su rostro-

-De mis tres hijos, ella es la que más se preocupa por mí, -su tono bajó y su voz se entrecortó, no podía hablar- cuando la dejo ir algún lado, me llama para que no me preocupe.

-Si ve que no todo es malo, -Iris empezó a llorar- ella tiene muchas cualidades, por qué no resalta lo bueno que tiene?... dígame otra.

-Ella es muy cariñosa conmigo, adora a su papá y quiere a sus hermanos, lo único...

-Dijimos que sólo positivo... Con todo lo que me dice veo que es más lo positivo que lo negativo. Señora, usted cree que esto se puede solucionar de otro modo? -la chica escuchaba atentamente-

-Sí, maestra, a lo mejor si le hablo de otro modo y le hago ver las cosas... perdón hija, perdón.

Abrazó a su hijita y la chica también la acogió fuerte y empezó a llorar con ahínco…

-Perdóname mamá, porque a veces te grito y no te obedezco, porque te falto al respeto pero es que me da mucho coraje que sólo me mandas a mí a que te ayude con los quehaceres de la casa y a mis hermanos no les dices nada, -lloraba con mucho sentimiento-

-Perdóname -lloraba abrazándola-

-Mis hermanos me tratan con malas palabras y tú no les dices nada, por eso, me da rabia contigo. Ya no más mamá, entiéndeme, lo único que les pido es que me respeten.

-Perdón, mi niña -las dos se abrazaron y lloraron, un silencio predominó, no sabía qué decir, sólo dejé que las dos expresaran sus sentimientos, esto es necesario para que la relación con los hijos sea más positiva-

-Señora, quiero que vea a su hija a los ojos y me diga qué es lo que usted desea ver en ella el día de mañana, cómo imagina el futuro de su niña, cuáles son sus sueños para con ella?

-Quiero que estudie, que tenga un buen trabajo, me la imagino siendo la manager en una oficina, casada con un buen hombre, feliz…

-Iris, tu mamá desea lo mejor para ti, ella quiere verte triunfar, que tengas una vida diferente, llena de logros y satisfacciones. Y tú hija, cómo te ves a ti misma? Cómo te visualizas en unos diez años o quizás más?

-No sé, a lo mejor trabajando, con una familia, como todos los demás.

-Pero hija, tú puedes hacer la diferencia, si te lo propones, puedes tener una vida distinta a las de tus amigas, puedes ir a la universidad, ser una profesional, no sé… una pediatra, una maestra, una enfermera; piensa en grande mija, es sólo cuestión que decidas que sí quieres hacerlo.

-Señora, quiere ayudarme a motivar a su hija?

-Sí, maestra, quiero hacerlo, por mi niña hago lo que sea.

-Iris, quieres que te ayudemos, nos das permiso para poder tomarte de la mano y llevarte al éxito?

-Sí, -se quedó con la cabeza mirando al piso, su silencio reflejaba que estaba tratando de asimilar todo lo que le estábamos diciendo-

-Hija, si estás de acuerdo? -cuestionó la mamá-

-Por favor, mamá, no me vuelvas a decir que soy una "burra", no me trates de tonta o "mensa". No te imaginas el coraje que me da cuando me dices esas palabras. Te voy a demostrar que soy más inteligente que todos tus hijos, porque a ellos siempre les alabas todo lo que hacen, en cambio a mí, me haces sentir menos.

-Pero hija…

-Si quieres que yo cambie, tú también debes hacerlo, no me vuelvas a comparar con nadie, y mucho menos con mi prima Rosario, el que ella tenga mejores calificaciones, no significa que sea más inteligente que yo, y te lo voy a demostrar.

-Lo hago para que entiendas que tú puedes tener los mismos grados de ella, si te lo propones.

-Sí, mamá… pero esa no es la forma, porque lo único que consigues es que me llene de enojo.

-Lo siento hija, no sabía.

-Señora, su hija tiene toda la razón, cuando la compara con su prima, en vez de motivarla, lo que realmente sucede, es que la está haciendo sentir menos, lo que ha generado en ella mucho coraje y rabia. Con el tiempo, ese coraje se ha convertido en rebeldía y esa rebeldía es la que la ha vuelto desafiante y retadora. Por eso, es que no quiere hacer "nada"... porque esta actitud, es una manera eficaz de llamar su atención.

-Interesante lo que dice, maestra.

-Muchos chicos dejan la escuela o no le echan ganas al estudio, no porque sean incapaces, es porque no están lo suficientemente motivados a luchar por algo que valga la pena y esta forma de pensar se da, en gran parte, porque no se sienten valorados y apreciados por sus padres. Esa falta de aprecio y amor propio es la que los lleva a creer que a nadie le va a importar las cosas buenas que puedan hacer en la vida.

-Pero eso no es así, todos los padres nos sentimos orgullosos de los logros de los hijos.

-Mamá, eso es lo que me está pasando a mí.

-Sí, Iris. Estás viviendo una crisis de valoración, porque es más fuerte tu enojo que las ganas de estudiar. En otras palabras, tu coraje está bloqueando tu inteligencia y así, es muy difícil que puedas aprender. Por esa razón, no le ves sentido venir a la escuela, crees que es perder tiempo y todas las clases se te hacen aburridas.

-Así es maestra.

-Déjame ayudarte, si logramos sacar el coraje de tu vida, la inteligencia va fluir porque ya la tienes, lo que pasa es que está arrinconada y atada; lo que tenemos que hacer es soltarla y dejarla salir, cuando esto suceda, vas a ser una chica muy diferente a la de ahora, disfrutarás más la vida y podrás descubrir talentos que ni tú misma sabes que los tienes.

Esa conversación lo cambió todo, esa chica llena de sentimientos confusos pronto empezó a sacar el liderazgo que tenía oculto, era una caja de sorpresas, su habilidad para las matemáticas la convirtieron en la mejor de la escuela.

Su comportamiento cambió radicalmente, como si una dinamita hubiese detonado todo un arsenal de habilidades y talentos que era muy difícil creer que los tuviera. Se volvió una joven competitiva y líder en el salón de clase, quería demostrarme de lo que era capaz; su actitud era diferente, la notaba más motivada y segura de sí misma. Créanme que el cambio de esta joven me llenó de mucha alegría y satisfacción.

Nos hicimos muy amigas, para ser tan chica, tenía pensamientos muy maduros sobre el valor de la vida, la familia y la juventud. Era una niña centrada que en algún momento quiso reaccionar a un patrón de conducta "opresor" que le estaba dañando su autoestima. Esto me enseñó que, a veces los padres aunque queremos lo mejor para los hijos, no siempre tenemos la razón.

Me gustaba hablar con ella porque sin saberlo me estaba enriqueciendo como mamá; veía en Iris a mis hijas y esto me dio la capacidad de ser empática y comprensiva a las necesidades de ellas, que en últimas, son las mismas: atención, cariño, respeto y confianza. Esto es lo que los chicos requieren para tener una infancia feliz.

Esas son las cosas lindas que pasan en la vida de los maestros, nos convertimos en los testigos y partícipes de los logros de los chicos, ojalá con todos los estudiantes fuera igual, pero no es así. Sólo puedo decir con certeza que cuando los padres se preocupan por la educación de los hijos y están al pendiente de ellos, suelen suceder estos resultados.

Por este motivo, Chris y yo nos involucramos en la escuela de nuestras hijas, no faltamos a ninguna actividad programada donde ellas sean protagonistas, estamos ahí para apoyarlas, motivarlas y hacerlas sentir que estamos felices y orgullosos de sus logros.

Pero este involucramiento tiene que empezar en la casa, todas las tardes les supervisamos sus tareas, revisamos que estén bien y las hacemos corregir cuando están mal. Porque, a veces, por tener más tiempo para jugar las hacen rápido y no les permitimos que esto suceda; aunque se molestan, entienden que las tareas y el estudio son su mayor responsabilidad. Lo que más me gratifica es que los dos como pareja exigimos por igual, es un trabajo de ambos, no solo mío.

Así debe ser, el involucrarse y estar pendiente de las responsabilidades de la escuela no debe ser sólo tarea de las "mamás", también los padres deben jugar un papel protagónico en esta noble causa. Cuando esta dinámica familiar se da es cuando los niños comprenden la importancia que tiene el estudio para sus vidas.

Desafortunadamente, muchos papás tienen la excusa del trabajo para no involucrarse en la educación de sus hijos, dicen que llegan cansados y no tienen las energías ni la paciencia para "batallar" con ellos para que hagan las tareas. Otros, se justifican con el idioma, creen que el no hablar inglés es una razón válida para no sentarse a dialogar sobre lo que aprendieron en la clase. Pero la más común de todas, es la mentalidad que la mujer es la que se "encarga" de los hijos, es responsabilidad de ella, estar al pendiente de todo lo que sucede con la escuela.

Esta forma de pensar debilita el mensaje que la educación debe ser el bien más preciado que un padre pueda dar a un hijo, como me lo decía mi madre: "Hija, el estudio es la única herencia que te voy a dejar".

Años después…

Hoy es nuestro aniversario de bodas y como es costumbre entre los dos, vamos a festejar solos como pareja, a algún lugar que nos haga sentir conectados. Esto ha sido muy importante en nuestra vida conyugal, pues el trabajo de ser maestra, es un poco asfixiante; sobretodo, en ciertas épocas del año cuando las jornadas son bien agotadoras.

Estábamos sentados en la mesa platicando de nuestras vidas, de cómo el tiempo ha pasado tan rápido y de los logros de las niñas, cuando de repente, llegó el mesero a traernos una botella de vino, muy elegante, con una tarjeta que decía: "Para alguien muy especial en mi vida que jamás olvidaré". Nos quedamos sorprendidos porque ninguno de los dos sabía de esto.

-Disculpe señor, creo que es un error, nosotros no hemos pedido esa botella. -dijo Chris-

-No se preocupe, señor, es un detalle de cortesía de una dama que dice conocerlos.

-Y quién es? en cuál mesa está?

-Lo que pasa es que me pidió que no les dijera porque no quería ser inoportuna.

-Pero no podemos aceptar esto sin siquiera saber de quién se trata -dije un poco extrañada-

Miramos alrededor y no vimos a nadie que nos pudiera conocer; además el sitio estaba muy concurrido. Esto generó intriga y curiosidad a la vez, pensé que a lo mejor era uno de los trucos de Chris, suele hacer este tipo de cosas para hacer más divertidas nuestras veladas pero lo noté confuso y de inmediato me di cuenta que no era iniciativa de él. Creí entonces que a lo mejor era Lucy, mi mejor amiga, ella sabía que esa noche íbamos a estar ahí. En fin… me relajé y esperé a que llegara el mesero nuevamente.

-La dama que les envió el vino dice que la conoce a usted señora, cuando me lo indique le podré avisar para que venga a saludarla.

-Está bien, pero va a tener que ser ya porque pronto nos iremos… dígame cuál de todas es? es que estoy muy intrigada.

-Es la joven del vestido amarillo que está allá.

-Quién es ella? -preguntó Chris-

-No la alcanzo a ver bien -era una joven guapa con un vestido muy hermoso pero no la reconocí; por más que la miraba, no lograba identificarla, aunque su rostro se me hacía familiar. Ella estaba con un grupo de amigos, todos ellos bien presentados y elegantes. Se paró de la mesa y se dirigió a nosotros.

-Maestra Victoria?

-Sí, soy yo -le contesté perpleja y confusa, su voz removió un montón de recuerdos sin rostro-

-No me recuerdas, verdad?

-No estoy segura pero tu voz me evoca a alguien que recuerdo con cariño y que hace mucho tiempo no sé de ella.

-Tú, además de ser mi maestra, fuiste mi mamá en la escuela… soy Ariadna González.

-Ariadna, mi niña preferida, ¡cómo cambiaste hija! estás irreconocible -la abracé con toda mi fuerza, no pude evitar las ganas de llorar; ella también me abrazó y juntas lloramos de emoción-

-Victoria, nunca te olvido, te llevo siempre en mi corazón, no hay día que no te agradezca por todo lo que hiciste por mí -lloraba como una chiquilla-

-Estoy sorprendida, jamás pensé verte así, toda una mujer exitosa -la invité a sentarse para seguir hablando, le presenté a Chris quien estaba muy impresionado por todo lo que había visto-.

-No te imaginas la alegría que me dio verte aquí maestra, hace rato que quería venir a darte un abrazo pero no quería pasar por imprudente.

-No hija, no lo hubieras sido, mi marido lo tengo todos los días, pero a ti nunca. Y cuéntame Ariadna, qué ha pasado en tu vida? Dejamos de comunicarnos desde que te fuiste para el Colegio

-Así es. Hice un año de universidad aquí en los Ángeles pero los problemas con mi mamá se hicieron más fuertes, así que decidí aplicar para intercambio de escuela, me fui a estudiar leyes a Denver y hace dos años me gradué de abogada.

-Fantástico mi niña, es un orgullo ver en lo que te has convertido, una linda profesional, segura de sí misma; eres un ejemplo de superación.

-Todo esto te lo debo, en gran parte, a ti.

-Es una pena que la relación con tu madre sea difícil aún, siempre lo fue, pero me alegra que no hayas tomado esto de excusa para no hacer nada en la vida; al contrario, lo asumiste como un reto y eso me llena de satisfacción.

-Se metió con un vago que no le gusta trabajar, es menor que ella, la trata mal; además, se quiso pasar de listo conmigo, pero eso no le importó, hasta empezó a celarme con él, lo puedes creer?

-Increíble, nunca maduró… y dónde vives?

-Hice mis pasantías en un bufete de abogados y al dueño le gustó mi trabajo, cuando terminé los estudios me pidió que me quedara trabajando para ellos. Es una oficina muy reconocida en todo el país, llevamos casos de corporaciones y gente con mucho dinero; me encanta mi trabajo.

-Super interesante, -se me vinieron unas lágrimas porque recordé las veces que me buscaba para hablar de sus problemas y de todo lo que le decía para que le echara ganas al estudio- Parece que fue ayer que sucedió todo esto hija mía-

-Sí, eso pensaba ahora que te veía, te recordaba en el escritorio revisándome las tareas y leyendo los informes de los maestros -me tomó de las manos y empezó a llorar nuevamente-

-Te felicito por todo lo que has logrado -se lo dije entre lágrimas-… Y qué estás haciendo por aquí?

-De hecho, estábamos celebrando con unos colegas un caso que ganamos para una cadena de hoteles muy prestigiosa. -sacó de su cartera una tarjeta de negocios y me la entregó, me quedé maravillada al ver su nombre y sus títulos impresos en ese papel-

Encuentros como éstos son los que le dan un verdadero significado a nuestra labor de enseñar, porque en un salón de clases suceden tantas experiencias de aprendizaje, que ni los mismos padres ni maestros, jamás nos daremos cuenta de su gran impacto, en la vida de los estudiantes. Es una labor intrapersonal, impredecible; es algo que no podemos ver ni medir, sólo el tiempo nos va a mostrar quiénes en verdad aprovecharon la oportunidad de ir a la escuela y quiénes, no. Son sus decisiones y sus logros los que nos lo dirán.

LAS BATALLAS DE… VICTORIA

-Victoria, los tengo que dejar, mañana debo estar temprano en el aeropuerto, me espera un día con mucho trabajo. Fue maravilloso verte, espero que sigamos en contacto, todavía te sigo viendo como mi mamá adoptiva, esa gran mujer que sin ninguna necesidad quiso asumir la tarea de corregirme; por eso, te llevo en el alma y siempre serás la mejor maestra del mundo -me abrazó y lloró con mucho sentimiento-

-Nunca te he olvidado chica traviesa, y justo hoy me diste un regalo maravilloso. No te imaginas lo que significa para nosotros los maestros ver triunfar a sus estudiantes; sobretodo, a aquellos que no la tuvieron fácil y que debieron hacer un sacrificio extra para lograrlo -la abracé fuerte y lloré con ella. Le di mi número telefónico para nunca más perder su contacto-

-Gracias por todo, Dios bendiga ese corazón tan maravilloso que tienes, y le pido a la vida que te recompense con mucha felicidad todo lo que hiciste por mí y por tantos chicos de la escuela que necesitan de maestras como tú.

-Dios te bendiga mija, -y con un beso la despedí-.

Chris y yo nos quedamos en la mesa, no podía creer lo que estaba viviendo, como si la vida me estuviera mostrando los frutos de lo que años atrás había sembrado en el corazón de esa joven confusa y enojada con la vida. Era otra, una mujer empoderada, líder, llena de metas por cumplir; eso era lo que yo había visualizado para su vida y que bueno por ella, que lo logró.

No hay duda que las palabras tienen poder y pueden llegar a transformar vidas; por eso, los padres y maestros debemos ser muy conscientes de todo lo que les decimos a los chicos.

-Cariño, quieres que nos vayamos ya? -estaba muy impactada, tanto que una avalancha de emociones se apoderó de mí y empecé a llorar sin parar; no podía controlar ese deseo enorme de expresar esa profunda felicidad que sentía.

-Sí, vámonos ya, fue una noche muy especial.

-Joven, puede traernos la cuenta, por favor? -le dijo Chris al mesero-

-No se preocupe señor, su cuenta ya está paga, la señorita dejó todo cancelado antes de salir.

-Mi amor, has influido poderosamente en la vida de esa joven, le ayudaste a encontrar el camino que debía seguir y parte de su éxito es obra tuya. Me consta, lo asumiste como un reto y mira en lo que terminó, eso significa que eres una excelente persona y una magnífica maestra.

-De veras lo crees?

-La gratitud que un estudiante conserva en su corazón, aún con el pasar del tiempo, es el mejor reconocimiento que un educador puede recibir. Lo vi en su mirada, esa chica no sabía qué hacer para expresarte todo lo que sentía por ti y eso me llenó de mucha emoción, porque afianzó lo que siempre he pensado de ti: que me casé con la mujer más maravillosa del mundo. Desde que te vi por primera vez, sabía que el ser maestra era tu razón de ser, y eso te hace ser alguien muy especial, no sólo para mí, sino para todos los que te conocemos. Por eso, te amo, mi muñeca. -nos besamos como los novios que aún somos-

-Te amo Chris, eres un hombre encantador, soy la mujer más afortunada de la vida por tener a un gran esposo y padre de familia como tú, te adoro.

El encuentro con Ariadna me llenó de mucha satisfacción, me motivó aún más a seguir dando lo mejor de mí a éstos chicos que, sin saberlo, a gritos pedían orientación. Reafirmó mi convicción de seguir "rescatando" estudiantes del abismo de las drogas, las pandillas o la deserción escolar, para llevarlos al camino del éxito. No podía desfallecer después de lo que había presenciado, era cuestión de esperar para darme cuenta que el esfuerzo había valido la pena.

Esos días fueron maravillosos, me entregué por completo a esta noble causa, parecía más una consejera que maestra de escuela, no sé por qué, pero los chicos me buscaban mucho para platicar, se sentían identificados conmigo, quizás por el hecho de ser latina, joven y dinámica.

En la universidad aprendí que para obtener la atención de los jóvenes tenía que hacer clases divertidas y así lo he hecho desde entonces para ganar su interés y participación. Antes de las sesiones procuro leerles historias motivacionales o de superación personal, veo que esto les gusta mucho y en algunos casos, las clases se han convertido en diálogos muy enriquecedores.

Me llama profundamente la atención la forma como ellos participan y se involucran en estas conversaciones que son de su interés. Sobretodo cuando hablamos de sexualidad, presiones, autoestima, drogas, malas decisiones, etc. Veo que la necesidad de hablar de esto es mucha porque estoy segura, que ellos no hablan con sus padres sobre estas realidades.

En éstos encuentros es donde yo me gano su confianza porque ven en mí, a alguien que los escucha y entiende, trato de no imponerles mi forma de pensar, dejo que expresen libremente sus opiniones y les doy mi punto de vista de una forma prudente y respetuosa para que no se sientan juzgados. Quizás, este ha sido el secreto para que los estudiantes me permitan entrar a sus vidas con facilidad.

Otra estrategia que me ha funcionado muy bien es que les doy nombres de celebridades o personajes famosos y les pido que investiguen sus vidas, lo que hicieron, cómo llegaron al éxito y les pido que dialoguemos sobre ellos. Por lo general, son historias que inspiran a triunfar como Walt Disney, Michael Jordan, entre otros.

Incluso, esto me motivó a crear un programa después de clases, un club de liderazgo donde promovía valores y conductas positivas entre los chicos. El éxito fue tal que logré reunir a sesenta estudiantes cada semana, fue una experiencia maravillosa. El ver tanto compromiso y deseo de ser mejores me emocionó tanto que con ellos iniciamos una serie de actividades para fomentar una vida sana.

Planeamos conferencias motivacionales para padres e hijos, esto ayudó mucho a que la relación familiar fuera mejor y; sobretodo, que los adultos se involucraran más en las actividades de la escuela. Planeamos también, el traer oradores para hablarles a los chicos sobre las drogas, las pandillas, sexualidad y otros problemas actuales de los adolescentes. Esto me hizo entender que la necesidad era mucha y que nosotros como padres y educadores no podíamos cerrar los ojos y negar esta realidad. Teníamos que hacer más por ellos, nos estaban pidiendo a gritos que les escucháramos y ayudáramos en éstos momentos tan críticos de sus vidas; pues más que un deber, esta tenía que ser nuestra misión.

Meses después…

Decidimos ir de vacaciones a México, hacía mucho tiempo que no íbamos y las niñas nos pedían que fuéramos; la verdad, también yo lo anhelaba porque deseaba ver a mis padres y a la familia. Quería saludar a Esperanza que solo hablábamos por teléfono pero no nos veíamos hacía algunos años, ella ya estaba retirada y su salud no había estado muy bien últimamente.

Siempre es una gratificación poder estar con tus papás y tus hermanos, visitar los sitios y las personas que te vieron crecer, enseñarles a los hijos de dónde vienes y recordar aquellos lugares donde vivimos los mejores años. Todo esto es un renacer y conforta el alma, cuando tienes muchas razones para agradecer y sentirte feliz, por lo que eres y has logrado.

Llevé a mis hijas a conocer la escuela donde estudié, fue un choque emocional muy fuerte, me dio mucha nostalgia pero, a la vez, una alegría enorme; era increíble pensar que unos años atrás era yo quien corría por esos pasillos y miraba hacia el cerro para visualizar, lo que hoy es real.

Miré los salones de clase por donde pasé cada año preparándome para ser lo que hoy soy, la cancha de basketball, el patio del recreo y aquel árbol de mangos donde me encantaba sentarme con mis amigas, justo aquel sitio en que una conversación con una maestra, cambió mi vida para siempre.

Mis niñas estaban asombradas porque vieron como unas lágrimas se apoderaban de mí, era imposible no sentir nostalgia por aquel lugar tan significativo. ¡Cómo puede cambiar tanto la vida de una persona con una sola decisión! Jamás me imaginé que mi vida se fuera a definir lejos de aquí; siempre pensé que mi destino estaba en este lugar, al lado de mi familia.

Me senté con mis hijas bajo del árbol, estaban extrañadas, pues no están acostumbradas verme tan emotiva; las abracé y llorando con mucha emoción les conté parte de mi vida cuando tenía su edad, la relación tan distante que había con mi padre y lo que me esperaba si yo no hubiese pensado diferente; les expliqué lo que significaba ese lugar tan especial y el gran impacto que tuvo la maestra Esperanza en esta historia.

Al día siguiente, fuimos a saludarla, las niñas habían crecido mucho y hacía tiempo que no las veía; es un placer muy grande estar con ella, quizás por la gratitud y la admiración que le tengo. Esperanza influyó poderosamente en mi forma de ser como maestra, de alguna manera, soy como ella, lo veo en la forma en que me preocupo por el futuro de mis alumnos.

Me confesó que le habían descubierto cáncer en un seno y eso la había debilitado mucho, se sentía temerosa por lo que pudiera pasar; sin embargo, estaba asumiendo la mejor actitud para no afectar a sus hijas. Ya se sentía mucho mejor aunque la medicina la alteraba demasiado.

-Vicky, me alegra mucho verte, tus hijas están bellísimas, como tú -me dijo con alegría-

-Y tú, una guerrera que no se da por vencida, tenía muchos deseos de verte -la abracé fuerte- tus hijas también han crecido, son unas señoritas

-Imagínate, ya Paola está terminando su carrera de piloto pero está un poco triste mi chiquita.

-Y por qué?

-Porque le están exigiendo perfecto Inglés y le fue mal en un examen que le hicieron para poderse graduar, ella lo habla pero no tan bien, debe perfeccionarlo, en eso anda.

-Esperanza y por qué no le dices a la niña que se vaya unos meses para Estados Unidos y hace un curso intensivo en la Universidad, así rápido lo aprende. Te ofrezco mi casa, para mí sería un placer enorme tener a Paolita con nosotros.

-Cómo crees Vicky que te voy a molestar con esto. Además, hemos tenido muchos gastos con lo de mi enfermedad y no creo que tengamos...

-Esperanza, no te preocupes por eso, yo por ti lo haría, no te imaginas lo mucho que le agradezco a Dios el que te haya puesto en mi camino. Tú cambiaste mi vida y es lo mínimo que podría hacer para demostrarte toda mi gratitud.

-No sé qué decirte, tendría que hablar con Carlos

-Así como hiciste conmigo para que tomara esa decisión, así mismo lo vas a hacer con tu hija.

-No estoy segura si Paola lo haría.

LAS BATALLAS DE... VICTORIA

-Le puedo preguntar? -me sonrió- Paola, ven que te quiero hacer una pregunta.

-Sí, señora. -vino a nuestro encuentro- me contó tu mamá que pronto vas a ser piloto, te felicito mija, ya te veré trabajando en Aeroméxico.

-Solo tengo que pasar un examen de Inglés, es una entrevista y hay cosas que no entiendo; por eso, me están exigiendo más fluidez para poder darme la licencia de volar.

-Hija, cómo ves la idea de venirte a los Ángeles unos meses a estudiar Inglés?, puedes quedarte en mi casa y en lo que yo te pueda ayudar… -la chica se quedó sin palabras, sorprendida miraba a Esperanza-

-Pues no sé qué decir, mamá tú qué piensas?

-Hija mía, todo lo que sea por tu bienestar yo lo apoyo, hace unos años atrás le dije exactamente lo mismo a Victoria, y ella con valentía asumió el desafío y hoy ya ves lo que es. No puedo negarte a que lo hagas, es tu decisión.

-Tú me apoyas? y mi papá qué pensaría de esto?

-Estoy segura que te va apoyar también, sabes muy bien que con tal de verte feliz y realizada, tu papá y yo te apoyamos. Haz logrado mucho y no quiero que desfallezcas en algo que tú puedes hacer, es cuestión de sacrificarte un poco y quien si no es Victoria para saber esto.

-Te agradezco en el alma Vicky este ofrecimiento pero como ves, hay muchas cosas que pensar.

-Esperanza, sabes que te quiero con el corazón y a Paola la cuidaría como si fuera mi hija; no es necesario que me den una respuesta hoy, sólo quiero ofrecerles mi hogar y esto que les digo es, porque en verdad así lo siento. Paola, las puertas de mi casa están abiertas para ti.

-Muchas gracias señora Victoria.

-Lo que te sugiero es que aproveches para que vayas este semestre y hagas un curso de verano o tomes clases avanzadas, yo sé que Chris nos ayudaría con esto. No dejes pasar la oportunidad.

-Qué piensas hija? Serías capaz de vivir fuera de la casa, tú que eres tan consentida y que no puedes vivir sin tu hermanita, te irías?

Meses después, Paola tomó la decisión de ir a vivir con nosotros por un tiempo para dedicarse a estudiar Inglés, creo que fue una gran elección, yo también lo hubiese hecho. En la vida hay que asumir riesgos para conseguir lo que se quiere.

Me sentía feliz con su presencia, de alguna manera estaba haciendo por ella, exactamente lo mismo que su madre, años atrás, había hecho por mí. La trataba como una hija más, hicimos todo lo posible por hacerla sentir en casa, de brindarle el mismo cariño y apoyo que mamá Tere, su abuela, me dio en su momento.

No hay duda que todo lo que hagas en la vida, bueno o malo, tarde o temprano se te regresa, en tu persona o en la vida de tus hijos. De hecho, los orientales, llaman KAR-MA al proceso de vivir en carne propia todo el mal que has hecho a los demás; pero también usan el vocablo DAR-MA al estado de revivir a plenitud en tu ser todo el bien que has hecho en la vida, como una recompensa por haber obrado bien. No sé si esto sea verdad, pero sí estoy segura que todo lo que uno haga a consciencia, algún día tendrá frutos.

De alguna manera, tu futuro es el resultado de tus luchas en el presente. Esto es lo que le digo a mis hijas para que sean conscientes de formar un plan que les ayude a visualizarse en el mañana, pues somos el producto de nuestras decisiones. Esta realidad nadie la va a cambiar, es la lógica de la vida, ayer lo hice yo, mañana lo tendrán que hacer ellas.

Estaba fascinada con la educación de Paola, era una chica respetuosa, disciplinada, estudiosa, muy acomedida siempre tomaba la iniciativa para ayudar con el aseo de la casa. Me gustaba hablar con ella, porque se notaba que leía mucho, tenía facilidad de expresión y le apasionaban los temas culturales. Se notaba el trabajo de sus padres, veía en ella a Esperanza y Carlos, esta niña era el reflejo de ellos dos. Sin duda, los hijos son el espejo donde los padres nos vemos proyectados.

Percibí con claridad lo que su mamá había visualizado para su futuro, porque fue lo mismo que hizo conmigo. Definitivamente, ambas fuimos influenciadas por la misma mujer, ese gran ser humano que dejó su huella en nuestras vidas.

Con mucha dedicación y esfuerzo Paola logró mejorar su nivel de inglés y regresó a México a continuar su plan de estudios. Al poco tiempo, se estaba graduando de la academia de aviación y había recibido ofertas de varias aerolíneas para trabajar, esto me llenó de mucha alegría porque vi los ojos de inmensa felicidad de Esperanza al ver a su hija alcanzar sus sueños. Yo creo que no hay dicha más grande que ver triunfar a los hijos.

Estuvimos en su grado, ella nos invitó para festejar ese día tan importante en su vida, me hizo sentir especial, me abrazó fuerte y me dijo:

-Victoria, te agradezco en el alma lo que hiciste por mí, -quedé sorprendida porque esas mismas palabras yo se las había dicho a su madre, sentí como si la historia se repitiera pero esta vez con una nueva protagonista-

-Hija, era lo mínimo que podía hacer por ti, por tu mamá y tu abuela que tanto las quiero; tus papás se merecen sentir esta gran felicidad porque han luchado por darte la mejor educación y lo han logrado. En el tiempo que viviste conmigo me di cuenta que tuviste los mejores padres del mundo.

-Así es Vicky. -se puso a llorar muy emocionada-

-Victoria, no tengo palabras para agradecerte lo que hiciste por mi hija -me dijo Esperanza-

-Por favor, no digas eso, tú sabes lo mucho que te quiero y la profunda gratitud que siempre tendré por ti y tu familia; sólo te estoy regresando un poco de tu bondad, de todo lo que sembraste en mí. Sabes una cosa, yo me reflejé en Paola, en su actitud y su forma de ser...

-De veras?, Por qué lo dices?

-Vi en tu niña, la otra hija que sin darte cuenta, creaste en mí y por eso, me siento parte de ti -la abracé y unas lágrimas corrían por mi rostro sin parar, estaba muy emocionada-

-Gracias hija, por todo -lloraba como una madre feliz de haber hecho su trabajo; nos fundimos en un fuerte abrazo- Gracias.

-Me alegra verte mejor de salud y gozando los triunfos de tu hija, te lo mereces, ustedes forman un hogar muy lindo; la vida les está permitiendo recoger los frutos de su esfuerzo y dedicación.

LAS BATALLAS DE… VICTORIA

Al día siguiente retornamos a casa, llena de mucha satisfacción, me sentía plena, porque es verdad lo que dicen los sabios, se siente más alegría en el corazón cuando se da que cuando se recibe; sobretodo, si lo que das es algo que va a ser feliz a los demás.

Meses después…

Para aquellos días se celebraba en la escuela el día del maestro, una fecha especial pero que transcurre sin ninguna relevancia, excepto por el reconocimiento de algunos padres y alumnos que nos hacen sentir bien con algún saludo o detalle en particular. Sin embargo, esta vez fue diferente, al llegar a mi escritorio encontré un hermoso ramo de flores que embellecía aquel salón.

Creí que era un detalle de mi esposo que solía sorprenderme para estas ocasiones, pero vi una tarjeta que decía: "Para la mejor maestra que he tenido en toda mi vida, gracias por todo lo que aportaste a mi ser, con gratitud. Esteban López" Quedé sin palabras, no podía olvidar aquel chico; de hecho, ha sido uno de los estudiantes que más ha tocado mi corazón.

La tarjeta tenía sus datos para contactarlo, trabajaba para una firma de inversionistas chinos como supervisor ejecutivo en San Francisco. Lo quise llamar para saber más de su vida.

-Esteban soy yo, Victoria...

-Maestra, que felicidad tan grande escucharte, creí que no me ibas a recordar.

-Por supuesto que sí, muchas gracias por las flores, están preciosas. Fue una linda sorpresa, en especial hoy.

-Así es, por eso te las envié, porque eres la mejor maestra del mundo, nadie te ha podido superar. Y aunque hace mucho tiempo que no hablamos, nunca te he olvidado; conservo recuerdos muy lindos de la escuela, en especial de ti.

-Gracias hijo, por tus bellas palabras, trato de dar lo mejor de mí para que todo sea diferente.

-Y conmigo lo lograste maestra, no te imaginas cómo me han servido tus consejos ahora que soy adulto; sobretodo, en la universidad que es un ambiente tan difícil de manejar.

—Cierto... cuéntame de tu mamá, cómo está ella?

—Mi madre -un silencio interrumpió el diálogo, y su voz entrecortada prosiguió- Ella falleció hace un año, le diagnosticaron cáncer de hígado y pronto se la llevó -su voz se quebró-

—Lo siento hijo, no sabía. Recuerdo muy bien el día que vino a hablar conmigo porque estaba preocupada por ti, fue ella quien me pidió que buscara la forma de aconsejarte -unas lágrimas salieron de mis ojos-

—Sí, ella te recordaba con mucho aprecio, siempre decía que por ti yo había cambiado esas malas amistades que tenía...

—Ya te casaste? -le cambié la conversación-

—No, mi trabajo es muy asfixiante y no creo que ninguna mujer le guste estar sola; además, estoy haciendo una maestría en negocios, la necesito para ascender en mi trabajo.

—Muy bien, te felicito Esteban, seria genial que nos pudiéramos ver, platicar con más calma porque me imagino que has de estar ocupado.

-Maestra Victoria, sería fantástico poder verte, no te imaginas como te recuerdo, tú cambiaste mi vida y eso te lo agradezco en el alma.

-No es para tanto hijo, fuiste tú quien hiciste el cambio, yo simplemente te orienté y supe alejarte a tiempo de tu amigo Pedro. A propósito, sabes lo que pasó con él?

-No, qué le pasó?

-Lo mataron en un tiroteo al poco tiempo de haber terminado la escuela, fue una pelea entre pandillas, dicen que por matar a su hermano, le dieron a él. Fue muy triste esa noticia.

-¡Dios mío, increíble! Si yo me hubiese dejado llevar por lo que él me decía, estaría perdido en las dogas o quizás peor. Por eso, te doy gracias maestra, porque tú me sacaste de ahí.

-Tu mamá fue la que me alertó y en honor a ella hijo, haz todo lo que esté a tu alcance para que tu vida sea su orgullo, esté donde esté.

-He tratado de honrarla de esa manera, todo lo que hago es para que se sienta orgullosa de mi.

-Qué bueno que pienses así Esteban.

-Maestra, a propósito de eso, quería pedirte un gran favor, en tres meses me gradúo y quisiera que me acompañaras en la ceremonia de grado. La relación con mi padre no es la mejor, al poco tiempo de mamá haber muerto, él se fue a vivir con otra señora y eso me pegó muy fuerte; desde entonces, no hablamos. Yo estoy sólo, por eso, te pido que estés conmigo ese día, yo sé que mamá estaría muy feliz de verte a mi lado porque parte de lo que soy, lo hiciste tú.

-Hijo, para mí sería un gran honor acompañarte; por supuesto que sí, cuenta conmigo, sólo avísame con tiempo qué día sería para yo ir planeando todo, está bien?

-Te agradezco mucho Victoria, ojalá así sea, sería una forma muy hermosa de agradecerte lo que hiciste por mí. Me inspiraste a ser el mejor, a soñar en grande, a no conformarme con lo mínimo y eso es lo que he tratado de hacer.

-Genial, recuerda siempre esto, nunca conviertas los problemas en excusas para no triunfar.

-Así es. Victoria, seguimos en contacto, le pido a Dios que te de mucha salud y bienestar.

-A ti también hijo, Dios te proteja.

Al terminar la conversación se me vino a la mente Rita, su mamá; recordé con nitidez la vez que hablamos, la angustia que sentía al ver que su hijo se estaba saliendo de control, el miedo a perderlo en las drogas. Nunca olvidaré sus ojos, su rostro, el desespero que tenía aquel día.

¡Qué pena por ella, por haberse ido de esta tierra sin sentir el gozo de ver a su hijo triunfando! lloré con nostalgia, traté de imaginar por un segundo cuán sería su felicidad, el ver al Esteban que hoy era. Había valido la pena luchar y pedir ayuda; incluso, enfrentarse a la inmadurez de aquel chico que sólo quería la aprobación de sus amigos, aunque éstos fueran su perdición.

¡Qué equivocados estamos cuando somos jóvenes! creemos tenerlo todo bajo control, no necesitar consejo de nadie y no querer estar bajo las reglas de los padres. Esta forma de pensar es la que nos lleva a tener una vida con problemas.

El tiempo pasó muy rápido. Cuando amas el trabajo que haces no sientes el ruido del reloj que te recuerda que somos pasajeros. Estamos de paso y son pocas las horas que nos quedan para hacer todo lo que tenemos que hacer. Por eso, debemos dar lo mejor que tenemos ahora, en el presente, es lo único que va a quedar en nuestra mente o en la de aquellos que hicimos sentir grandes y poderosos.

El pensar en Rita, me llevó a ser más sensible, a vivir a plenitud el hoy, porque no sabes con certeza hasta dónde tus acciones pueden definir la vida de tus hijos. Ninguna de las dos imaginamos que una conversación lo fuera a cambiar todo; en especial, que fuera a impactar tan profundamente, la vida de su muchacho.

Esta experiencia me enseñó, como mamá, que nunca hay que desfallecer ante los conflictos de los hijos; cuando ellos actúen mal o estén tomando malas decisiones, es deber nuestro hacer el mayor esfuerzo para no dejarlos solos en sus dificultades; debemos asumir una actitud de confrontación y corrección para que no se pierdan en sus confusiones.

Hace parte de nuestra labor como padres, intervenir en esos momentos de crisis con autoridad y liderazgo; es otra forma de decirles que los amamos y no vamos a permitir que nada ni nadie los saque del camino que los lleva al lugar donde los queremos ver, el día de mañana.

Por eso, es tan crucial que definas con claridad, exactamente, qué es lo que esperas de ellos y en dónde los visualizas, porque de esto va a depender, el qué tanto te vas a involucrar en sus vidas y decisiones. Los padres que participan y hacen parte de la vida de sus hijos, tienen más probabilidad de influir en ellos, que aquellos que no lo hacen.

Y esto es lógico, porque un padre ausente, no generará la cercanía y la confianza suficiente que necesita un joven para sentirse cómodo hablando de sus problemas con alguien, a quien él percibe lejos de su realidad. Entre más te involucres en su vida, más fácil te dará el permiso para que participes de ella, esa es la dinámica. Y entre menos lo hagas, el día que quieras hacerlo, no te lo va a permitir porque te verá como un intruso o extraño que quiere invadir su privacidad.

LAS BATALLAS DE… VICTORIA

En el día de graduación…

-Maestra Victoria, gracias por acompañarme en este día tan especial, como ves, eres la única de mi familia que vino. Invité a mi papá, pero no le dio la gana asistir, aún está enojado conmigo.

-No te preocupes por eso, hijo, aquí estoy en el lugar de tu mamá, ella estaría muy orgullosa de ver el joven brillante en el que te has convertido.

-A propósito, Victoria, esos aretes que traes…

-Sí, son los que me regaló tu madre cuando te graduaste de octavo grado, los conservo como el regalo más significativo que me han dado en la vida. De hecho, nunca me los había puesto, y la verdad, jamás pensé que estuvieran reservados para este momento tan bello. -me miraba en silencio y unas lágrimas salieron de sus ojos-

-Esos aretes los elegí yo, mi mamá me llevó a una joyería para que los escogiera, estaba muy agradecida contigo y acordamos dártelos aquel día, porque según ella, le habías ayudado mucho.

Pasamos una tarde inolvidable, disfrutando de la linda ciudad de San Francisco, lo invité a cenar a un lugar muy hermoso donde se divisaba la bahía y el majestuoso puente del "Golden Gate". Lo sentí feliz, como si en realidad hiciera parte de su familia, de esa historia que siempre queremos traer a la mente con cariño.

Recordamos anécdotas de la escuela; reímos, lloramos; revivimos parte de ese capítulo de la vida, de aquel chico indefenso e inseguro y, todo lo que tuvo que batallar para convertirse en el hombre exitoso que hoy era. Sin duda, una linda historia de superación y resiliencia, escrita en uno de mis salones de clase.

Nos despedimos con nostalgia, él se quedaba sólo con su destino y yo de regreso a casa, llena de emociones positivas porque el reencontrarme con este chico y verlo realizado, llenaba mi vida de alegría, era la respuesta a las preguntas que, muchas veces, me había hecho: realmente esto era lo que quería hacer en la vida?, valía la pena dedicarme a educar chicos que no valoraban el esfuerzo que hacía por ellos? Por qué no estudié otra carrera que me diera más dinero?

Sí, definitivamente, esto era a lo que yo quería dedicar mi vida; el ser maestra le daba sentido a mi existencia. El ver la vida que ahora Ariadna, Esteban y otros más tenían, hacían que el ir a la escuela todos los días fuera mi propósito en este mundo. El convertirme en teacher "rescatista" le dio un significado trascendental a mi cotidianidad, porque no era un salario lo que me motivaba a dar lo mejor de mí; era el deseo de impactar la vida de éstos jóvenes para que tuvieran sueños y metas, lo que me ilusionaba cada día.

No con todos mis alumnos lo logré, fracasé con muchos porque, desafortunadamente, no contaba con el apoyo de sus padres o porque ya era demasiado tarde cuando los quise rescatar. Con algunos sí lo pude hacer. Entre ellas, Iris; aquella chica traviesa que tantos enojos me produjo, supe que se ganó una beca, fue a la Universidad a estudiar Ingeniería química y en la actualidad, trabaja para una farmacéutica en Alemania. Hizo un doctorado y se casó con Eduardo, otro chico muy inteligente de la escuela, ellos eran amigos y se querían mucho; nunca pensé que ese loco romance perdurara con el tiempo.

Seis meses después...

Estábamos en casa cenando, compartiendo lo que había sido el día, Chris nos comentaba de una estudiante que falleció porque tuvo un parto de alto riesgo, me impactó mucho lo que dijo porque no pude evitar pensar en lo que viví con David, el chico de la universidad. Yo pude estar en su lugar, gracias a Dios, las cosas no llegaron hasta allá.

Esto me motivó a decirle a Rosario -mi hija menor- la importancia de esperar y tener carácter en la vida para saber decir no a todo aquello que pueda poner en riesgo su vida y su futuro; le dije que su estudio debía ser su prioridad, idea que mi esposo validó refiriéndose a la consecuencia que tuvo que vivir esa joven por su decisión.

Él siempre se enfoca en esta palabra, dice que todo lo que uno hace en la vida tiene consecuencias; si obras bien, la vida te premia teniendo paz interior, prosperidad y una familia feliz. Pero si actúas mal, tu vida estará llena de conflictos, malas amistades y peligros... En otras palabras; tu destino será, lo que tú decides ser.

LAS BATALLAS DE… VICTORIA

Nos hallábamos inmersos en la conversación cuando sonó el teléfono, era Esperanza en un llanto desesperado que no le permitía hablar; no sabía qué decirle pues me imaginaba que algo terrible había sucedido.

-Esperanza, dime qué pasa? Por qué estás así?

-Murió mi mamá, se nos fue Tere. -y un llanto fuerte interrumpió la conversación, me quedé fría por la noticia, el impacto paralizó mi cuerpo, no podía hablar y empecé a llorar como una niña-

-Qué pasó, mi amor? -interrumpió Chris y siguió hablando con Esperanza-

-Mamá falleció esta mañana de un paro cardiaco, la encontraron muerta en la cocina, estaba sola, mi tío pasó a saludarla y él fue quien la halló sin vida. -no paraba de llorar-

-Esperanza y tú dónde estás? -le pregunté con mi voz frágil, sin poder asimilar la noticia aún-

-Ya nos estamos organizando para irnos, creo que tus papás y hermanos nos van a acompañar, no sé si tú puedas venir, sólo quería decirte esto.

Viajamos a México, mis hijas querían mucho a Esperanza y tenían un afecto muy especial por mamá Tere porque yo siempre les habia hablado de todo lo que ella significó en mi vida; además, Paola se había convertido en una hermana para ellas y querían acompañarla en su dolor.

Cuando llegamos, fue muy impactante verla en la funeraria, me dolió mucho su partida, lloré con todo el corazón. Abracé a Esperanza y le acompañé en su pena; mis hijas se conmovieron al verme destrozada, no pensé que me fuera a afectar tanto su deceso.

Saludé a mis padres y hermanos, y aunque me dio alegría verlos, el dolor de perder a mamá Teresa bloqueó esa felicidad que siempre me daba al encontrarme con ellos. Me dirigí al féretro y no pude controlar esas ganas infinitas de llorar, le tomé las manos, acaricié su rostro y sobé su cabello, como siempre lo hacía, cada vez que la peinaba, cuando vivía con ella. Pensé en lo que viví a su lado, sus palabras, sus historias, todo lo que me contó de su vida; también recordé con nitidez el secreto que ella se llevó de mí y lo que me dijo cuando sentía desfallecer.

LAS BATALLAS DE... VICTORIA

-Gracias mamá Teresa, fuiste una madre para mi. Nunca voy a olvidar lo que me enseñaste a ser, a pararme cada vez que me caiga, como aquel día, lo recuerdas? -un llanto fuerte salió de mi- Gracias por ayudarme a aceptarme y valorarme, a pesar de mis errores. Te llevas mi secreto y yo me llevaré tu cariño y sabiduría, lo que me hiciste sentir. Te conservaré siempre en mi corazón; -Chris y mis hijas se acercaron y me abrazaron-.

-Vete ya Tere, -lloraba más fuerte aún- papá Dios debe estar muy orgulloso de ti, porque fuiste una mamá ejemplar, no sólo con Esperanza, también conmigo; te prometo que estaré pendiente de tu hija, tú sabes que la quiero como si fuera mi hermana mayor, -me acerqué a su cuerpo frio y besándole en la mejilla, me despedí de ella-

-Victoria, gracias por venir -me dijo Esperanza- esto es muy duro para mí, no pensé que fuera a suceder tan de repente, se veía muy feliz, ayer en la mañana hablé con ella y me dijo que me quería mucho y que siempre había estado orgullosa de mi y de ti, como si presintiera lo que iba a pasar. Me dijo que quería ir de vacaciones a tu casa para estar todos en familia. -lloró fuerte-

-Esperanza, tú sabes que doña Teresa significó mucho en mi vida, me duele en el alma que ya no esté con nosotras pero tenemos que ser fuertes y seguir para adelante, tal como ella siempre me lo decía "ante los problemas de la vida…

- … La única solución, es seguir viviendo". Jajaja. Sí, esa era mi mamá, luchona y optimista, una guerrera incansable, eso es lo que me queda de ella. Una mujer que me amó infinitamente, lo dio todo por mí; por eso, cuando tú viniste a vivir con ella, me sentía tranquila porque sabía que te ibas a convertir en la otra hija que toda la vida quiso tener -lloraba y su voz se quebraba-

Mi madre se sentía feliz contigo, decía que eras muy especial con ella, porque siempre la llevabas a dar una vuelta al parque en las tardes, estabas pendiente del corte de su cabello y en varias ocasiones, le tinturaste el pelo para que se viera más guapa, lo que yo nunca hice Vicky -me abrazó fuerte y lloraba sin parar- Por eso, te doy infinitas gracias porque le diste tanto amor a mi madre, más del que yo le di. De pequeña era mi papá el amor de mi vida, con ella estuve un poco distante hasta que crecí y comprendí las cosas.

En esos momentos mis padres y hermanos se acercaron y los abracé fuerte. Esperanza también nos acogió en sus brazos; al fin y al cabo, eso éramos, la familia que le quedaba. Al ver que no podíamos parar de llorar, Chris y mis niñas, me abrazaron; de igual modo, Carlos y sus hijas, se acercaron a Esperanza. Todos nos fundimos en un fuerte abrazo para despedir juntos a esa gran mujer que lo había dado todo en la vida para ver felices a sus "hijas".

Así cerré un capítulo más de mi vida.
Quizás el más bello y glorioso de todos,
porque se juntaron en el mismo lugar
las tres Victorias:
La niña, la adolescente y la adulta,
cada una de ellas felices y triunfantes,
disfrutando los logros de sus duras batallas.

Ferney Ramirez, Autor.

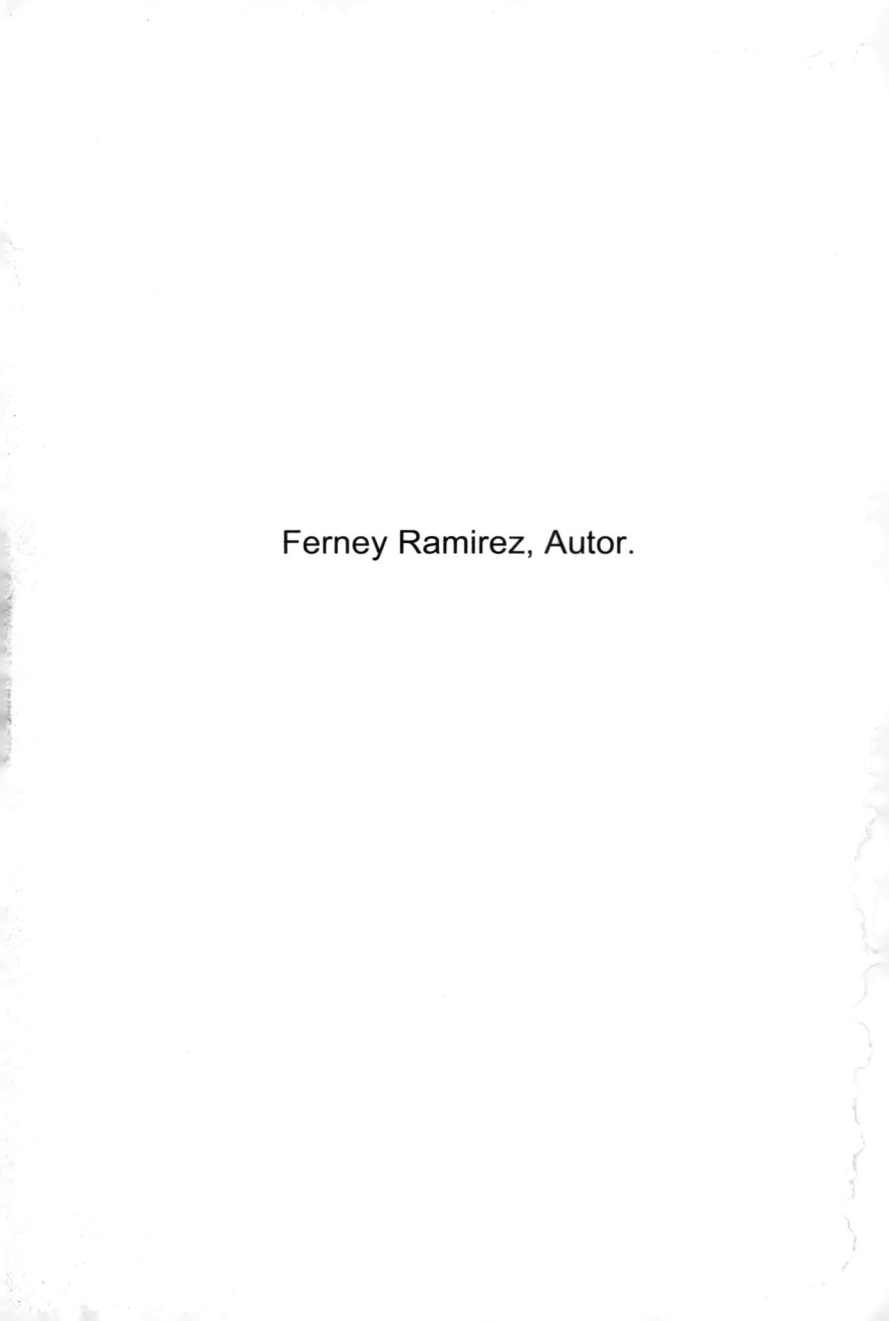